プロ野球と血液型

前川輝光

鳥影社

プロ野球と血液型　目次

プロ野球と血液型

はじめに

本書は、1936年の創立時から2023年シーズンまでの日本のプロ野球の全歴史を、血液型の観点から整理したものである。

血液型と人間の性格・行動性の関係は、1901年にオーストリアのラントシュタイナーによって、ABO式血液型が発見されてほどなく、議論されるようになった。日本でも、その潮流の影響下、戦前にすでに、当時東京女高師教授だった古川竹二A型の『血液型と気質』を一つの頂点として、血液型と性格ブームが広がった。医学会などからの反対論に沈黙させられる形で、このブームはやがて終息するが、1971年に作家能見正比古B型が『血液型でわかる相性』（青春出版社）を出版し、戦後の、そして今に至る「血液型と性格」への関心の源となった。

能見はこの分野の第二作『血液型人間学』（サンケイ出版社）以降も血液型と性格関連の著書を出版し続けるが、81年10月30日、激務の中、心臓破裂で56歳で世を去った。能見の死後は、血液型関連の書籍が、山のように出版されるが、その多くは、価値のないものであった。ちなみに、筆者もこの分野で数冊の本を出版している。

能見は、彼の研究分野を、「血液型人間学」の名で呼んだ。その血液型人間学の主たる方法として、彼は、以下の3つを挙げていた。

1. できるだけ多くの人々の血液型を確認し、その人たちについての長期にわたる観察を続け、血液型ごとの共通傾向を探る。「観察」の方法。
2. 特定の集団の血液型分布率を調査し、それと日本人全体の血液型分布率、すなわち、O型30％、A型40％、B型20％、AB型10％とのズレに注目する。そのズレが偶然起こりうる範囲のものか、それとも何らかの意味があって発生したものかを確認するため、χ(カイ)自乗検定などの統計学的検討を行う。「分野別データ」の方法。たとえば、ホームラン王、首位打者などについて、能見はこの方法で分析していた。
3. あらかじめ用意したアンケートに、できるだけ多くの人たちに、自身の血液型を明記してもらった上で回答してもらい、それを血液型別に集計して、血液型ごとの特徴を探る。「アンケート」の方法。

本書は、このうち、「観察」「分野別データ」の2つの方法に依拠している。

本書は、以下の構成となっている。

第1章で、現在、プロ野球ファンの関心の中心となっている「二刀流」大谷翔平について考察する。彼の2013年のプロデビューから、2023年の史上初の2度目の大リーグ満票MVP獲得までの歩みを振り返り、大谷以前の日米の主な二刀流選手たちの群像をひもとく。

第2章では、創立以来の日本プロ野球の歴史をたどる。日本選手たちの大リーグ進出や、近年盛んとなったWBCをはじめとする野球の国際大会についても簡単に振り返る。血液型の視点を導入すると、日本のプロ野球の歴史も随分違った印象のものとなる。

第3章から第6章までは、日本プロ野球史上の中心選手たちについて、様々な「分野別データ」の分析を駆使して、多角的に検討する。

第7章では、現在まで、すでに通算70人近くに達した日本人大リーガーたちについて見ていく。日本国内の選手たちとは、ちょっと違う血液型状況をお話しすることにもなる。

第8章は監督論である。プロ野球でファンの声援を浴びるのは、主に選手たちだが、実は各チームを強くするのも弱くするのも、監督の手腕によるところが甚だ大きい。監督たちについても、まずいくつかの分野別データを検討する。その後、現在までの主要な監督たちを、いくつかの系譜にまとめてみたい。

第9章では、一つの試みとして、血液型別にベストナインを組んでみた。これには筆者の主観が少なからず入ると思うが、これを参考に読者それぞれが、ご自分にとっての血液型別ベストナインを組まれるのも、一興かと思う。その作業を通して、プロ野球における血液型をめぐる状況が、より明確に見えても来よう。

付録には、規定投球回到達投手、規定打席到達打者の血液型別リストを掲げた。投手については、主な救援投手のリストも載せた。監督経験者、主な血液型不明選手もリスト化した。これらのリストを、本文中の考察・分析の検討などにご利用いただけるはずである。

本書で、各種ランキングを提示する際、原則として、血液型不明者は順位から外してある。たとえば、ある不明者が3位にいる場合、その選手が除外されるから、4位の選手が繰り上がって3位となる。分野別データのサンプルとなる血液型判明者だけで、本書では考えていくということである。また、日本人とは血液型分布率の大きく異なる外国人選手たちも、同様に考察の外となる。これは、外国人選手たちを軽んじる意図からでは毛頭ない。外国人選手には、血液型不明者も多いが、判明選手については、適宜、言及することもあろう。

各種分野別データを血液型別に集計する際にも、血液型不明者は当然のこと、外国人判明者も外してある。ご注意いただきたい。

　最後のご注意は、血液型データの間違いについてである。筆者は能見の著書や、『週刊ベースボール　プロ野球全選手写真名鑑号』、ネット上の各種サイトなどから、プロ野球選手・監督の血液型情報を集めているが、一人の選手について、B型とされていたりO型とされていたり、ずっとA型だとされていたのに、突然AB型とされたり……といったことがけっこうある。本人が勘違いしていたケースや、雑誌、ネットなどに発表される際のケアレスミスなどによるものが多いが、こうしたデータ・ミスはどうしてもある程度は避けられない。

　本書では、情報が錯綜する場合、最も妥当と思われる型を選択しているが、当然、筆者の判断ミスもありうる。この点については、あらかじめお含みおきいただくとともに、今後、手持ちの血液型データをより正確なものとする努力を続けていくことをお約束する。

第1章　大谷翔平と投打二刀流

（1）2023年までの大谷翔平

2021年の大リーグ開幕を、大谷翔平は緊張して迎えたはずだ。

大谷は、2013年に近年のプロ野球では異例な投打「二刀流」を掲げて、日本ハムでデビューすると、懐疑論が大勢を占める中、着々と投打両方で実績を積み重ねた。2年目には日本プロ野球史上初の「二けたホームラン、二けた勝利」を達成。3年目には投手として15勝をあげ、最優秀防御率、最多勝、最高勝率の3タイトルを獲得した。

4年目は、さらにすごかった。投手として10勝、打者として3割20ホームランを達成（自身2度目の二けたホームラン、二けた勝利）し、年度末のベストナイン表彰では、投手、指名打者両部門で選出された。当然、こんなことは過去に例がない。大谷の投打両部門での活躍もあり、日本ハムはこの年、パ・リーグを制し、広島との日本シリーズにも勝って、日本一となった。大谷はパ・リーグMVPに選出された。

5年目は故障し、満足な成績はあげられなかったが、シーズン終了後、大谷は大リーグへの移籍を表明した。２０１５年秋の国際大会プレミア12での快投もあり、大リーグの大谷争奪戦は熾烈となった。大谷は意外な選択をした。ロサンゼルス・エンゼルスである。

大リーグ1年目、オープン戦では、大谷は投打ともさんざんの結果で、大リーグでの成功を疑問視する声がうずまいた。しかし、公式戦が始まると、開幕戦の最初の打席の初球をヒットにし、投手としても初登板で初勝利をあげた。

「野球の神」ベーブ・ルース以来の本格的投打二刀流選手の突然の出現に、アメリカは色めき立った。大谷は三振の山を築く快投で、４勝をあげたが、ひじの故障で、快進撃は止まった。最終的にシーズン後のトミー・ジョン手術が決まったが、そのことが発表された試合で2ホームランを放ち、野球関係者やファンを驚かせた。大リーグ1年目、大谷は故障のため、投手としては4勝に終わったが、22ホームランを放ち、新人王に選ばれた。野茂英雄、佐々木主浩、イチローに続く日本人４人目の大リーグ新人王だった。

大リーグ2年目は２０１３年のプロデビュー後初の打者専念シーズンとなったが、ひざの故障もあり、そこそこの結果に終わった。３年目の２０２０年は、思わぬシーズンとなった。この年のはじめから新型コロナウイルスのパンデミックが世界を襲い、大リーグも開幕さえ危ぶまれた。結局、各チーム60試合だけの短縮日程でのシーズンとなったが、無観客試合という異様な形となり、観客の声援を受けて力を出すタイプらしい大谷は、投打とも全く不本意な成績に終わった。

そして、大リーグ4年目の2021年シーズンとなった。大谷は最初の登板から、大リーグに来てからは初めての、指名打者を解除して打者としても出場する「リアル二刀流」で臨んだ。大谷は初球から160キロの速球を投げ、三振の山を築いた。こうして投手としての復活を印象付けた大谷は、その後も順調な投球を続け、勝ち星は9にまで伸びた。

投手としても大リーグで初めて1年間投げ通した大谷は、このシーズン、打者としてはそれ以上の躍進を見せた。6月頃からハイペースでホームランを打ち続け、一時はア・リーグのホームラン争いでトップを独走した。終盤、疲れが出て、ゲレーロ・ジュニアとペレスにかわされ、3位に終わったものの、大谷は日本人として史上最多となる大リーグでのシーズン46本塁打を放った。打点も100に達した。日米を通じて、初めて打者として規定打席を満たした年ともなった。

盗塁も26に達し、投げて打って走って、大活躍の大谷は、この年、日本人としては2001年のイチローに続く2人目の大リーグMVP（ア・リーグ）に満票で選ばれた。投打両方での復活を期し、プレッシャーの中で迎えたはずのこのシーズンを、大谷は最高の形で終えることになった。

翌2022年も大谷の大活躍は続いた。ホームラン34本、打点95は、前年度と比べると若干見劣りがしたが、この年の大谷は、投手として最高の働きをした。15勝をあげ、大リーグに来て初めて、二けた勝利二けたホームランを達成。防御率も2点台前半、奪三振200を超えた。

この年の大谷について、何より特筆されるべきことは、規定打席と規定投球回の同時達成である。日本では野口二郎らに何度か前例があるが、大リーグでは史上初、大谷以前の大リーグ最高の二刀流ベーブ・ルースさえ、未達成の画期的記録であった。しかし、このような前年に勝るとも劣らない活躍も、大谷の2年連続MVPには結びつかなかった。ア・リーグ新記録の62ホームランを放った、ヤンキースのアーロン・ジャッジにさらわれたのである。

2023年は、大リーグ開幕前から、大仕事が待っていた。2017年以来6年ぶりの、国際大会WBC第5回大会である。この大会に二刀流で日本チームに参加した大谷は、投打で大活躍し、精神的にもチームを牽引し、第1、2回大会に続く日本の3度目の優勝の立役者となった。決勝のアメリカ戦を前にしての、チームへの「憧れるのをやめましょう」という檄は、この年の流行語にもなった。

大リーグのシーズンが始まると、大谷は、WBCの疲れを全く感じさせない活躍を見せた。投手としては連勝を続け、打者としても順調にすべり出した。2021年同様、6月からホームランの量産体制に入り、独走を続けた。

このままシーズンを終えたらどんな素晴らしい成績が残るのかと期待されたが、8月末に再びひじを故障してしまった。このシーズンの投手大谷は、これで終わり。打者としてもその後、数試合の出場にとどまった。それでも、大リーグで史上初の個人で2度目の二けた勝利二けたホームランを、2年連続で達成し、さらに、44本を放ち、日本人として初のホームラン王のタイトルも手にした。2度目のア・リーグ満票MVPもついてきた。

大谷が大リーグに移ってからのこれまでの6年間は、たびたびの挫折を乗り越えながら、投打二刀流の「ユニコーン大谷翔平」のブランドを確立する日々だったと言える。

大リーグでの大ブレークの年、2021年には、オールスターに史上初めて投手・DHとして出場した。一躍全米で注目されるようになった大谷のために、大リーグ機構は、投手としては降板した後も、DHとして出場を続けられると、オールスター・ゲームのルールを変えた。いわゆる「大谷ルール」である。

それまで指名打者制のなかったナ・リーグでは、インター・リーグで、大谷の所属するア・リーグのエンゼルスと試合をしても、大谷の打席はほぼ代打での1に限られていた。しかし、おそらく人気者の大谷の打席をもっと見たいというファンの声もあってか、ナ・リーグも指名打者制に踏み切った。さらに、これまでは、インター・リーグ戦は、どのチームも、ナ・ア両リーグの全球団と戦うわけではなかったが、2023年からは、毎年、全球団と対戦するシステムに変わった。どの球団のファンも自チームと大谷の対戦を見たがったからである。

一人のスーパースターが、大リーグのシステムを変えてしまう。そんな破格なことを日本の一青年がやってしまった。日本で産声を上げ、すくすくと成長し、アメリカですっかり一本立ちした大谷の投打二刀流は、今後、日米の野球をどう動かしていくのだろうか。

（2）日米二刀流の歴史

未来を展望しようと思えば、歴史をひもとけである。今、日米で、それどころか全世界で話題の投打二刀流だが、実は、大谷が初めての選手ではない。日本にもアメリカにも先人がいたのである。

大谷の活躍で、ホームラン王で「野球の神様」のベーブ・ルースが、実は大リーグ随一の二刀流でもあったことを知った人も少なくないだろう。

打者としてのルースは、通算２８７３安打、７１４本塁打、２２１７打点、打率０・３４２で、首位打者1、ホームラン王12、打点王６、計19のタイトルを獲得した。もちろん、これだけで、大リーグの歴史に残る大選手である。

しかし、ルースは大リーグでの選手生活のはじめに、もう一つの顔を持っていた。一流投手だったのである。投手としては、通算、94勝46敗4セーブ488奪三振、防御率2・28。20勝も2度達成し、最優秀防御率のタイトルさえ、一度獲得している。

ここで、大谷の投打両部門での日米通算成績を見ておこう（2023シリーズ終了時点）。

投手：80勝34敗1232奪三振、防御率2・75。最優秀防御率、最多勝、最高勝率各1回。

打者：977安打219本塁打603打点、打率0・278。ホームラン王1回。

二けた勝利二けたホームランの達成回数では、ルースの1（1918年）に対し、大谷は日米でそれぞれ2回ずつ、計4回で、ルースを圧倒している。しかも、ルースが、13勝11本塁打だったのに対し、大谷の大リーグでの2回は、15勝34本塁打、10勝44本塁打と、内容的にも少しも引けをとっていない。

しかし、大谷にとって、二刀流の先達ルースの背中は、今なお遠い。通算94勝714本塁打は、高い壁だ。714本は簡単には抜けない。当面、どこまで迫れるかの闘いとなろう。しかし、通算94勝は、超えるチャンスがある。願わくば、大谷の右腕が順調に回復し、この数字をクリアし、ひいては、100勝を超えて、史上初の「通算三けた勝利三けたホームラン」を達成してほしいものだ。

アメリカには、ルースの他にも投打二刀流選手が何人かいたのだが、ここでは彼らには触れず、以下、日本プロ野球の主な二刀流選手たちを振り返っておこう。年代順に見ていく。

ここからは各選手の血液型も紹介する。まず、大谷翔平はB型である。日米通算で、現在まで規定投球回、規定打席ともに３回ずつ達成していることを付け加えておく。

１．西沢道夫Ａ（現役期間１９３７―５８年）

西沢は日本プロ野球発足２年目からの選手である。最初は投手であったが、47年から打者に転じた。

投手として、60勝65敗４０４奪三振、防御率２・23。

打者として、１７１７安打２１２本塁打９４０打点、打率・２８６。

規定投球回に５回（うち２回は短期シーズン）、規定打席に10回、それぞれ到達している。打者として首位打者１、打点王１のタイトルを取り、投手としてはノーヒットノーラン１回がある。

名球会発足後、打者は２０００安打、投手は２００勝（あるいは２５０セーブ）という一流選手の一つの基準ができた。それに照らすと、投打両方にまたがった西沢のような選手は、評価がむずかしい。

最初から打者に専念していたら、西沢は通算何安打くらいしていたのだろう？　それはわからないが、２０００安打と２００勝がある意味で等価とされているのなら、投手としての1勝を10安打に換算してみてはどうか。すると、西沢の生涯成績は、1717＋60×10＝2317安打ということになる。これは、通算安打ランキング（日米合算）で20位に相当する数字となる。ちなみに19位は2321安打の坂本勇人ABである。

これまで二刀流選手としての大谷の評価の難しさも語られてきたが、この「1勝＝10安打」という等式が一つの目安となるかもしれない。

2．野口二郎B（1939―53年）

西沢に2年遅れてプロ入りした野口二郎こそ、日本プロ野球の投打二刀流の先達としては、大谷に最も近い選手ではなかろうか。西沢が投手→打者と、職分をスライドした選手だったのに対して、野口は大谷のように、長く同時期に両方をこなした。

投手として、237勝139敗1395奪三振、防御率1・96。最優秀防御率2、最多勝1、最多奪三振1。

打者として、830安打9本塁打368打点、打率・248、94盗塁。

規定投球回に9回、規定打席に7回到達し、そのうち、39～42、46、50年の6回は両規定を同時に充たした（大谷は、現在、同時達成は2022年の1度のみ）。打者としては打率9位2回があり、46年終盤の31試合連続安打は、71年に同じB型の長池徳二（阪急）に破られるまで日本記録だった。通算打率が低く見えるが、「飛ばないボール」などの粗悪品の時代のものであることを考慮する必要がある。

野口は投手としての記録だけでもすでに超一流だが、ここで例の等式を西沢の時とは逆に10安打＝1勝として用いると、２３７＋８３０／10＝３２０勝となり、歴代3位の小山正明Aに並ぶ。もっとも小山も２４４安打しているのだが。

3．別所毅彦AB（１９４２―６０年）

巨人第二期黄金時代の大エースで、投手が本職だが、登板は通算６６２試合なのに、選手としてのトータルではそれより１６６試合多い８２８試合に出場した。登板のない日にはしばしば野手として出場したのである。

投手として、３１０勝１７８敗１９３４奪三振、防御率２・18。

打者として、５００安打35本塁打２４８打点、打率・２５４。

個人シーズン最高打率は・３４４、同最多打点は44。野手を本職としていても一流になっていたろう。規定打席への到達はない。投手として３１０勝はすごいが、さらにそれが44―45年を戦争で失ってのものであることを付け加えておく。

4．関根潤三B（1950—65年）

西沢と同じく、投手として出発し、後に打者に転じた。

投手として、65勝94敗645奪三振、防御率3・43。

打者として、1137安打59本塁打424打点、打率・279。

規定投球回6、規定打席6。打者としてベスト10内を5回達成している。

日本選手で50勝1000安打は、現在、西沢、関根の2人のみである（ともに60勝1000安打だが）。大谷がこれに迫っている。例の等式を用いると、関根は、1787安打相当となる。

5．ここまでは投打二刀流の代表的選手たちだったが、以下、あまり語られることのないもう一つのタイプの二刀流について見ていく。選手兼任監督である。まず、鶴岡一人《かずと》AB、1946～52年の7年間、南海の野手兼任監督をつとめた。この間、打者として、696安打51本塁打412打点122盗塁、打率296。MVP3回、打点王1回を獲得した。監督としては、492勝326敗26分、勝率・601。チームを4回のリーグ優勝に導いた。

打者としても監督としても、この7年間、それぞれ一流の成績である。

なお、鶴岡は、選手としてはこの7年間の最後の52年までで引退するが、その後も68年まで計23年間、南海の監督を続けた。

このタイプの二刀流で鶴岡の跡を追うのは、鶴岡時代の南海で名選手となったこの人である。
6．野村克也B、１９７０～７７年の8年間、南海の捕手兼任監督をつとめた。この間、打者として、９５２安打２００本塁打６４６打点、打率・２７１。ＭＶＰ１回、打点王１回。監督として、５１３勝４７２敗55分、勝率・５２１。リーグ優勝１。
ＭＶＰや優勝の回数では、鶴岡に劣るが、打者としての存在感では、野村が上だった。しかも、野村は、正捕手も兼ねていた。監督・四番・正捕手のいわゆる「三重苦」だった。野村のこの八面六臂の活躍も、77年シーズン終盤、スキャンダル絡みの解任劇で、突然の終わりを迎えた。

短期間の選手兼任監督で目立つのは、以下の二人である。
7．藤村富美男《ふみお》O、１９４６、55～56年と、阪神の選手兼任監督をつとめた。このうち、46年は、投手として、13勝２敗43奪三振、防御率２・44。13勝は藤村生涯唯一の二けた勝利であった。

打者として、１２１安打５本塁打69打点、打率・３２３（４位）、盗塁11。監督として、59勝46敗、勝率・５６２、８チーム中３位。

この１年間、藤村はいわば「投打監三刀流」をハイレベルでこなしたと言えよう。

55～56年は、野手兼任監督の二刀流だった。この２年間も監督としては、セ・リーグ３位、２位と奮闘したが、打者としては、46年に及ばなかった。

なお、藤村は、打者として通算１６９４安打２２４本塁打１１２６打点、打率・３００、１０３盗塁の他、投手として、通算34勝11敗１８３奪三振、防御率２・34の結果を残した。１６９４＋34×10＝２０３４安打相当である。

８．村山実Ａ、１９７０―７２年の３年間、藤村と同じ阪神で、こちらは投手兼任監督だった（ただし72年は４月21日から指揮権返上）。南海野村の兼任監督と同年のスタートだった。この間、投手として、25勝14敗２０８奪三振、防御率２・11。特に初年度の70年は、14勝３敗、防御率０・98（戦後のプロ野球最高成績）で最優秀防御率と最高勝率のタイトルを獲得した。

監督として、実際に指揮した７２年はじめまで、１３６勝１１９敗13分、勝率・５３３。70年は監督としても頑張り、Ｖ９中の首位巨人と２ゲーム差のリーグ２位だった。

兼任監督の場合、初年度に好成績を残すケースが多い。O型藤村、A型村山同様、B型野村も、初年度、期間中唯一の全試合出場を果たし、ホームラン、打点とも期間中の自己ベスト、打率も期間中2位、チームも首位ロッテに10・5ゲーム差ながら、2位だった。AB型鶴岡も、初年度に優勝、打点王、MVPである。

9．血液型は不明だが、特筆されるべき二刀流として、他にも以下の選手たちがいる。全員、戦前の、あるいは戦前からの選手である。
景浦将、服部受弘《つぐひろ》、藤本英雄、御園生《みそのお》崇男《たかお》、若林忠志。

（3）大谷はどういう生涯成績を残すか

日米の様々な二刀流の歴史を概観したところで、今後、史上最高の二刀流となりうる大谷の生涯成績を予想してみよう。

大谷はすでに確認したように、2023年シーズン終了までに、日米通算で、投手として80勝、打者として219本塁打を重ねている。これが29歳途中（1994年7月5日生れ）までの実績である。投手としての勲章である200勝と、超一流のホームラン・バッターの証である500本塁打の同時達成はあるのだろうか。それぞれの達成者の具体例を見てみよう。

通算２２４勝のO型工藤公康は、29歳途中までの三シーズンを終えるまでに87勝、２１９勝のAB型山本昌は、同じ時点で79勝だった。

通算５３６本塁打のB型山本浩二の29歳までの本塁打数は１６９本、通算５１０本塁打のO型落合博満は、29歳のシーズンを終えるまでに１０７本打っていた。

４人ともどちらかと言うとスタートの遅い選手で、晩成・長持ちタイプだったが、それでも、29歳時点では、工藤の87勝が大谷の80勝を上回っているだけで、他は全て大谷の方が優れた成績を残していることは注目される。あらためて大谷のすごさに驚くとともに、２００勝５００本塁打は、全く不可能な数字でもなさそうだと気が付く。

これからよほどのけがでもしなければ、５００本塁打は、比較的無理なく達成できよう。40歳までの今後11年間に26本平均で届く。２００勝の方は、簡単ではない。何といっても大谷は、まず２０２３年シーズン終盤のひじの故障を治さないといけない。今のところ、順調な回復を祈るばかりだが、そこをクリアすれば、楽しみだ。２０２５年シーズンからの10年間で、毎年12勝ずつで届く。強豪ドジャースに移籍しただけに、期待は持てる。

大谷以前の最高の投打二刀流、野口二郎の規定投球回９回、規定打席７回のクリアも、地味だが、大谷にとって内容のある目標となろう。

第2章　日本プロ野球の歴史

（1）黎明期　巨人第一期黄金時代（1936―1944年）

大谷の投打二刀流の大成功で、アメリカ大リーグ史上最高の二刀流選手として、再び話題になることが増えたベーブ・ルースだが、実は日本プロ野球の発足にも大きな影響を及ぼしていた。

明治の初めに日本に紹介された野球は、次第に国民の間に根を下ろしていった。特に早慶戦を中心とした東京六大学野球は、日本での野球熱を高めた。こうした機運の中、読売新聞社社長正力松太郎は、アメリカのプロチームを招き、日本のアマチームと試合をさせることを思いつく。この構想は1931年に実現した。ルー・ゲーリッグ、レフティ・グローブらのスター選手を擁する大リーグ選抜チームの来日である。このチームと大学野球、社会人野球から選抜された日本チームの対戦は、全国各地で行われ、大入りの盛況を博した。

この成功を受け、34年にも大リーグチームが来日する。そのチームの看板選手こそ、当時、大リーグ史上最大のスターだったベーブ・ルースである。日米戦は17試合行われ、アメリカの全勝に終わった。ルースは、打率、ホームラン、打点とも、このシリーズのトップとなり、日本のファンに強い印象を残した。シリーズ後、この時の全日本メンバーを中心に編成されたのが、日本初のプロ野球球団「大日本東京野球倶楽部」で、35年にアメリカ各地を転戦し、本場の野球をさらに学んだ。帰国後、チームは、「東京巨人軍」と改称する。

巨人に続き、続々とプロ野球チームが誕生した。36年には、7球団で「日本職業野球連盟」が発足。この年秋には、最初のリーグ戦も行われ、タイガース（現阪神）との優勝決定戦を2勝1敗で制した巨人が、初代王者となった（『日本プロ野球80年史』146—148、158—159頁）。

当時の巨人監督は藤本定義O型。藤本は巨人で7回の優勝を重ねた。特に38年秋季からは、5連覇し、後に巨人第1期黄金時代と呼ばれる。日本プロ野球は、36年秋から38年までは、春・秋の年2期制で行われた。短期リーグを年に2回開催したのである。藤本の7回の優勝には、短期リーグの3回が含まれる。

第8章で詳しく見るように、現在までの日本のプロ野球監督の本命はO型だが、3回以上リーグ優勝した最初の監督も、O型藤本だった。藤本時代の巨人の中心選手は、38年秋に史上初の三冠王となり、藤本の下、打撃タイトル8つを獲得した中島治康Oと、戦火に散った伝説の名投手沢村栄治（最優秀防御率1、最多勝2）である。沢村の血液型は残念ながら不明である。

戦前の日本のプロ野球は、５回の短期リーグを含め、44年まで11シーズン行われ、巨人８回、阪神３回の優勝に終わった。現在に続く「巨人・阪神」のライバル関係は、この11シーズンで確立した。

（２）巨人第二期黄金時代、西鉄黄金時代（１９４６―１９６０年）

戦後のプロ野球の方向を最初に定めたと言ってもいいのは、Ｏ型の新人大下弘だった。46年に現日本ハムの遠い前身にあたるセネタースでデビューした大下は、この年、20本塁打を放ち、本塁打王となった。20本と言うと、現在の感覚では、それほどでもないが、実はそれ以前の日本のホームラン・シーズン最高記録は、38年秋の中島治康Ｏ型、39年鶴岡一人ＡＢ型の10本であった（中島は38年春にも1本打ち、年間11本）。20本は一挙にその2倍に達した大記録だったのである。この大下の快挙に刺激され、以降、日本のプロ野球もホームラン量産時代へと向かった。戦前からの大打者川上哲治Ａも、一時、ホームラン狙いのフォームに改造した。

アメリカ大リーグが、本格的ホームラン量産時代に入ったのは、第一次大戦後、ルースが打者に専念するようになった１９２０年からと言ってよかろう。この年、ルースはいきなり

54本塁打を放った。衝撃的な新記録だった。日本のホームラン時代は第二次大戦後。アメリカと日本とでは、ホームラン時代の到来は、戦間期1個分ほどの時間差があった。

46−49年は、日本プロ野球の移行期だった。敗戦の茫然自失の中、新スター大下の登場もあり、何とか復興にこぎつけたというところだ。その後、日本のプロ野球は拡大し、50年には、セ・パ2リーグ時代が始まる。当初、セ8球団、パ7球団だった。その後、整理統合を経て、現在の両リーグ6チーム体制となるのは、58年であった。

セの最初の覇者となったのは、またも巨人で、2リーグ発足の50年から監督に座った水原茂Oの下、51−59年に、3連覇、2位、5連覇と、8度のリーグ優勝を遂げ、巨人第2期黄金時代と呼ばれた。この間、日本一も4回。リーグ優勝については、後に川上哲治監督Aが巨人で達成するV9を惜しくも逃した格好だったが、年間長期シーズンでの5連覇は史上初(藤本は短期1＋長期4の5連覇)。水原は大監督だった。

パ最初の覇者は、戦後、1リーグ時代に、すでに2度の優勝を遂げていた、野手兼任監督鶴岡一人AB率いる南海であった。51年から、セ巨人と肩を並べ、3連覇。52年までは、鶴岡は兼任監督を続けたが、日本シリーズで水原巨人に51、52年と連敗し、思うところがあったのか、53年には監督専任となった。鶴岡の下、南海は、パは制するものの、日本シリーズでは59年に初制覇するまで、水原巨人に4連敗と苦杯をなめた。

パで先に強豪チームとなった南海を尻目に、パに3年連続日本一をもたらしたのが、三原脩監督A率いる西鉄だった。1リーグ時代最終年の49年に、巨人監督として2位阪急に16ゲーム差で圧勝したにもかかわらず、シベリア抑留から49年7月に帰国した水原茂に監督の座を追われた形となり、九州に渡った三原には期するものがあった。日本シリーズ3連覇の相手は、奇しくも水原巨人。3連覇目の58年は、巨人に3連敗後、エース稲尾和久Bの4連投4連勝の離れ業によって大逆転でものにした。三原の執念がもたらしたパ初の日本シリーズ3連覇だった。

三原は、セ大洋に移った60年にも、いきなり前年最下位チームでリーグ優勝し、日本シリーズも、全て1点差の4連勝で西本幸雄O率いる大毎を制し、「魔術師」と呼ばれた。

（3）巨人第三期黄金時代　Ｖ9（1961―1974年）

水原巨人、三原西鉄と続いた2リーグ時代の覇権は、61年には、史上最高チームに移る。川上巨人である。川上は、61、63年とリーグ優勝、日本一を重ねた後、65年からは、名高きV9、つまり9年連続セ優勝・9年連続日本一を成し遂げた。水原時代の中心選手たちの加齢で、弱体化したチームで勝利するための道を模索し、大リーグ・ドジャースの鉄壁の守備に学んだ、投手力を中心とした「ドジャースの戦法」と、日本プロ野球史上最高コンビON

（すなわち、王貞治Oと長嶋茂雄N）の破壊力によってもたらされた偉業だった。この川上監督時代の巨人は、巨人第三期黄金時代と呼ばれた。

川上は、リーグ優勝11、日本シリーズ制覇、同じく11という、空前の大成功を収めて、74年に監督の座を退いた。まだ54歳だった。最後の年も、川上巨人は、首位中日にゲーム差なしの2位、V10目前だった。その後、川上が球界復帰することはなかった。

巨人V9時代、当然パの覇者たちは、日本シリーズで負け続けた。最初の2回は、水原時代から、なかなか巨人に勝てなかった南海。南海は、水原巨人には、59年にエース杉浦忠Aの4連投4連勝で無敗のまま一矢を報いたが、川上監督となり、また負けが込んだ。川上の監督初年度に敗れ、V9の最初の2年まで、3連敗。V9前年の64年、阪神との日本シリーズでは、鶴岡監督は2度目の日本一となっていたが、リーグ優勝11回の名将も、やや、巨人の水原、川上両監督の引き立て役の感は否めなかった。

南海、西鉄に代わってパの新たな覇者となったのは、日本プロ野球創設時からの老舗阪急であった。西本幸雄監督Oの下、鍛え上げられた同チームは、まず、V9の3年目から5年目まで、3年連続で巨人と日本一を争った。しかし、いずれも2勝4敗に退けられる。ロッテが優勝した1年をはさんで、さらに2年連続、71－72年と王者巨人に挑んだが、どちらも1勝しかできなかった。

71年は、1勝1敗で迎えた第3試合、1対0のまま、阪急のエース山田久志Oが、9回裏2アウトまで巨人を追い詰めていたが、そこで王貞治に逆転サヨナラ3ランを食らうという劇的な負けが響いた。

V9最後の年73年は、この年からパに導入された前後期2シーズン制を制した南海が、再び巨人に挑んだ。監督は捕手兼任の野村克也Bに代わっていた。巨人は初戦を落としたものの、そのあと4連勝し、V9を達成した。

（4）阪急・広島黄金時代（1974―1981年）

永久に続くかとも思われた巨人V9も終わり、プロ野球界にも新たな風が吹いた。西本監督が退いた後、監督を引き継いだ上田利治監督Oの下、阪急は、75―78年とパ・リーグ初の4連覇を遂げた。鶴岡、三原、西本というパの名将たちにも達成できなかった記録である。上田阪急は、77年まで日本シリーズでも3連覇した。同シリーズ3連覇は、56―58年の三原西鉄以来、パ・リーグ2度目のことであった。阪急黄金時代であった。投の山田久志O、打の福本豊B、加藤秀司《ひでじ》Aなど、西本監督の下で鍛えられた中心選手たちの活躍によるところ大であった。

巨人V9後、セでは、連覇が目立たなくなった。76-77年、長嶋B巨人、79-80年、古葉《こば》竹識《たけし》O広島、89―90、藤田元司《もとし》B巨人、92―93、野村Bヤクルト。リーグ3連覇は、セでは2007―09年の原辰徳A巨人まで30年以上なかった。65年11月の第1回会議以来のドラフト制度により、各チームの勢力均衡化が進んだことが一因とされている。ドラフト10年目の75年に球団初優勝を遂げたかつての弱小地方球団広島は、その象徴である（『80年史』453頁）。

広島は、古葉竹識監督Oの下、75年から85年までの11年間で、リーグ優勝4回、日本一3回という黄金時代を迎える。古葉を継いだ阿南準郎監督Aの86年の就任初年度優勝を加えれば、リーグ優勝は12年で5回だ。

ちなみに、セ球団の日本シリーズ連覇は、79-80年の広島（2年ともパ王者は西本近鉄）以来、絶えてみられない。2023年まで、実に43年間のブランクである。ともあれ、巨人V9後は、阪急→広島と、地方球団が球界を制覇した。

（5）西武黄金時代（1982―1994年）

阪急、広島の黄金時代は、V9を中心とする川上巨人には及ばなかった。その後、いずれもかつて川上の下でプレーした二人の監督の下、西武ライオンズは、この川上巨人にも引けを取らないほどの長い黄金時代を迎えた。

かつて三原監督Aの下、鉄腕稲尾B、怪童中西Bなどを擁し、日本シリーズ3連覇を成し遂げた西鉄ライオンズも、63年を最後に優勝は途絶えた。この年の日本シリーズで決定的に肩を壊した稲尾は、翌年1勝もできず、69年までの現役最後の6年間は、さびしいものとなった。さらに、稲尾最後の69年のシーズン終盤には、球界「黒い霧事件」が持ち上がり、西鉄は若きエース池永正明を球界永久追放で失うなど、壊滅的な打撃を受けた。黄金時代の主役が去り、球界大エースの期待がかかっていた池永も失い、ライオンズの親会社西鉄は経営意欲を失う。ライオンズはその後、何回かの身売りを経て、西武鉄道に譲渡される。埼玉所沢球場をフランチャイズとする新体制となり、ライオンズは78年をもって九州を離れた。

西武初代監督根本陸夫ABは、78年にクラウンライターライオンズの監督になっていたが、引き続き西武ライオンズの指揮を執った。西武最初の3年間は、根本の下、最下位、4位、4位と振るわなかったが、根本は着々と準備を進めていた。有望な選手を集め、鍛え、これで勝負できると見るや、「勝てる監督」として、廣岡達朗Aを呼び、自分の後任とした。根本は広島カープの監督時代、廣岡をコーチで呼び、その野球観、力量を知っていた。根本は、その後、管理部長としてライオンズ・フロントに入り、廣岡体制をバックアップした。廣岡―森と続く西武黄金時代の陰の立役者である。

「管理野球」「海軍式野球」「自然食」など、マスコミの注目を浴びた廣岡は、西武監督時代の4年間で、リーグ優勝3回、日本シリーズ制覇2回と、文句なしの結果を残し、86年からは、巨人時代からの盟友森祇晶Oが、跡を継いだ。

森の9年間の監督期間中、西武はリーグ3連覇、首位近鉄に0・5ゲーム差の3位、リーグ5連覇（パ・リーグ史上初）と、傑出した強さを誇った。5連覇は、すべて全チームに勝ち越す完全優勝で、V9巨人も成しえなかった快挙だった。日本シリーズでも、出場8回のうち最初の6回を連続して制した。巨人V9に肉薄する9年間だったと言えよう。

根本が種をまき、廣岡が育て、森が満開とした西武は、廣岡・森の13年間で、リーグ優勝11回、日本一8回を達成した。ちなみに川上巨人は、14年間で、リーグ優勝、日本一ともに11回である。

西武はこの黄金時代の遺産を引き継ぎ、以降、東尾修Oが2回、伊原春樹Aが1回、伊東勤O、渡辺久信A各1回、辻発彦A2回と、7回のリーグ優勝を重ねた。伊東、渡辺時代には日本一にもなった。西鉄時代の5回を合わせ、ライオンズとしては、2023年まで、23回のリーグ優勝、13回の日本一となる。リーグ優勝は、O型監督の下、11回、A型監督の下、同じく11回、B型監督の下、1回（中西太）である。日本一は、O型監督7、A型監督6となる。

(6) セ・リーグB型監督黄金時代（1981―2001年）

日本のプロ野球史を振り返ってきて、ここまで、B型監督がほとんど話題に上がってこなかったことにお気付きだろうか。詳しくは第8章に譲るが、B型は選手としては優秀な結果を残しているのだが、監督としては、これまでのところ、全体的に振るわない。そんな中、印象に残る実績を残した２人のB型監督がいる。藤田元司と野村克也である。

藤田は前任の長嶋茂雄監督Bの成績不振による退任のあと、81年に巨人監督に就任した。この年、いきなりリーグ優勝し、日本シリーズも制した。V9後初の巨人日本一だった。同時に、血液型判明者中では、B型監督初の日本一でもあった。日本のプロ野球が2リーグ制になって32年目の出来事だった。当時はもちろん、誰もそんなことを話題にはしなかったが。藤田は83年にもリーグ優勝した。３年で2回優勝、日本一１回の好成績ながら、長嶋と王の間のつなぎと自任していた藤田は、83年限りであっさり退く。

藤田の後、監督になった王貞治も、優勝1回を残して5年間で退き、89年から再び藤田が巨人の指揮を執った。89–90と連続優勝。89年は日本一にもなった。結局、藤田は、２次にわたる巨人監督生活7年の間に、リーグ優勝4回、日本一２回の堂々たる成績を残した。

藤田が最後に優勝した90年に、もう一人のB型大監督が、久しぶりに監督生活に復帰した。かつて南海で捕手兼任監督を8年つとめ、その最終年となった77年に解任された野村克也である。野村は考える野球「ＩＤ野球」をスローガンに、ヤクルトを9年間に4回の優勝と3度の日本一に導いた。野村は南海監督時代にも1度優勝しており、計5回のリーグ優勝、計3回の日本一は、いずれも藤田を抜き、Ｂ型監督最高の成績となった。野村はこのＢ型監督の2つの新記録を97年に達成し、翌98年限りでヤクルトを退いた。

野村はその後、阪神3年、楽天4年と監督を続けたが、楽天での2009年の2位以外はすべてＢクラスに終わった。

75–80年の第1次巨人監督期間中の77年に、血液型判明者中、Ｂ型監督としてはじめての複数回優勝を果たした長嶋茂雄だったが、2回リーグ優勝しながら、日本一には届かず、藤田に跡を譲った。しかし、Ｊリーグ・ブームによるプロ野球埋没の危機感の中、長嶋は巨人監督に復帰する。93年、野村ヤクルト初の日本一の年だった。

この2001年まで続いた第2次監督期間の9年間に、長嶋は3度のリーグ優勝を追加し、94、2000年には悲願の日本一も勝ち取った。94年は森西武の最終年、2000年は王ダイエーとのＯＮ対決を制してのもので、いずれもドラマ性があった。

長嶋は2次にわたる計15年間の監督生活で、リーグ優勝5回、日本一2回の結果を残した。Ｂ型監督で2回以上優勝したのは、藤田、野村、長嶋の3人だけである（若林忠志は血液型不明）。

Ｂ型監督の日本一は、ヤクルトの野村の後任若松勉の２００１年が最後である。Ｂ型監督には、リーグ優勝も、それ以来ない。

81年の藤田の初年度日本一から、２００１年の若松の日本一までの21年間は、これまでだ1度のＢ型監督黄金時代だったとも言える。すべてセ・リーグでの優勝だが、この21年間のセ・リーグは、藤田４、野村４、長嶋３、若松１、山本浩二１、計13回の優勝をＢ型監督で占めた。これは、過去88年にわたる日本プロ野球史上のＢ型監督の通算リーグ優勝数19の実に68・４％となる。

特に、89−97年のセは、９年連続でＢ型監督が制し、Ｂ型監督Ｖ９であった。日本一もこの間、５回だった。この９年間の延べ54人のセ・リーグ監督中、Ｂ型は23人（42・６％）しかいなかった。もちろん、Ｂ型の日本人平均の２倍強となり、多いことは確かに多いのだが、この数字から容易にＢ型９連覇、とはなるまい。

一つの血液型の監督（たち）で９年間リーグ優勝を独占したのは、川上哲治Ａによる巨人Ｖ９と、この時の４人がかりのＢ型Ｖ９、そして２０１２−２０２３年のセ・リーグＡ型監督Ｖ12の３度きりである。最後のケースについては、第９節で詳述する。


〈一つの血液型の監督（たち）による９年以上のリーグ優勝独占〉

川上哲治監督A　巨人V9（1965-1973）
4人でのセ・リーグB型監督V9（1989-1997）
5人でのセ・リーグA型監督V12（2012-2023）

（7）大リーグへの挑戦（1995年～）

西武のパ・リーグ5連覇が始まり、野村克也がヤクルトで監督に復帰した1990年、近鉄に一人のスターが入団した。野茂英雄Bである。この年、野茂は2けた奪三振21試合、奪三振率10・99と、68年に江夏豊Aが打ち立てた三振の記録を次々に塗り替え、「ドクターK」と呼ばれた。野茂は、最優秀防御率、最多勝、最多奪三振、最高勝率と、投手の主要4タイトルを独占し、新人王に選ばれ、沢村賞、MVPともなった。

翌年からの3年間も、野茂は勝ち続け、三振を奪い続け、日本プロ野球初の4年連続最多勝（1リーグ時代にスタルヒンが、37年秋から40年まで、3年半最多勝を独占）をあげた。代名詞となった三振の方でも、4年連続奪三振王となった。これだけで、すでに野茂は日本の野球史にその名を深く刻んだのだが、その1年後、95年に、野茂はある意味ではこの4年間の大活躍以上に日本球界を大きく揺るがすこととなった。大リーグドジャース入団である。

日本人大リーガー第1号は、64―65年にサンフランシスコ・ジャイアンツで、投手として

5勝9セーブをあげた村上雅則Oだが、この時は、89イニングあまりの大リーグ生活に終わり、後続はなかった。93年シーズンオフに、広島大野豊投手Bに、カリフォルニア・エンゼルス（当時）から、破格の条件でオファーがあったが、大野は断っていた（Wiki「大野豊」）。そして、野茂が30年ぶりに日本人大リーガー第2号となった。

野茂は大リーグ1年目から13勝の活躍で、防御率ナ・リーグ2位、奪三振王ともなった。新人王も獲得し、野茂は現在まで、日米ともに新人王となったただ一人の選手となっている。

野茂のこの予想を超えた大リーグでの成功は、日本人選手たちの大リーグへの挑戦の機運を生まずにはおかなかった。O型大家友和、佐々木主浩、A型長谷川滋利、伊良部秀輝、木田優夫、B型マック鈴木、吉井理人、AB型柏田貴史。20世紀中に8人の投手が野茂に続いた。

日本人大リーガーは、10人目までは投手だけだったが、21世紀に入り、野手も大リーグ入りするようになった。2001年の新庄剛志Aとイチロー Bが最初である。

イチローの大リーグ初年度は、野茂の大リーグ初年度よりもさらに華々しいものとなった。首位打者、盗塁王、最多安打、ゴールドグラブ賞、新人王、MVP。242安打は大リーグ新人記録を更新するものだった。

イチローはその後も安定した活躍を続け、打率3割、200安打、ゴールドグラブ賞、オールスター出場を、いずれも10年間継続した。大リーグシーズン最多安打記録も、262安打を放って2004年に更新した。この年、イチローは、大リーグ2度目の首位打者も獲得した。

一方、野茂は2005年までに大リーグ通算123勝をあげ、日米通算201勝を達成した。実質的に野茂の選手生活はここで終わった。

ところで、2004年のシーズン終盤、9月18―19日の2日間、日本プロ野球選手会は、古田敦也会長Bの強いリーダーシップの下、史上初のストライキを行った。

同年5月、経営難に陥った近鉄とオリックスの合併構想が明らかとなった。この合併が成立すれば、パは当然、運営困難な5球団という奇数体制となる。そこで話はさらに進み、8球団による1リーグ制への移行構想まで飛び出した。1球団削減だけでも、選手たちにとり、深刻な職場の縮小となるのに、4球団を消滅させるという、選手たちのみならず、野球ファンにとっても見過ごしにできない非常事態だった。選手会はNPB（日本野球機構）側と12球団体制維持に向けて交渉を続けるが、NPB側は強硬姿勢をくずさない。そこでスト決行という苦渋の決断が行われたのである（『80年史』780-781頁）。

ストライキは世論の後押しもあり、功を奏した。近鉄とオリックスは合併し、オリックス・バファローズという新球団となったが、パ6球団体制を維持するための新球団加盟が認められ、東北楽天ゴールデンイーグルスが新たに参入したのである。12球団体制は、ストライキ前とは姿を変えてではあるが、維持された。

この２００４年の波乱の発端となった近鉄・オリックス合併構想について考えてみよう。経営難に陥っていたこの2球団は、日本選手の大リーグ進出の余波をもろに被っていたとも言える。近鉄はこの動きを生み出した野茂英雄Bを１９９５年に失った。オリックスは、野茂らの大リーグでの成功に刺激を受けたイチローBを２００１年に失った。野茂もイチローも言うまでもなく、チーム一の看板選手だった。２人は大リーグに渡って２００３年までに、それぞれ大きな足跡を残していた。２人がそれぞれのチームに残っていれば、観客動員にも力となり、両球団の経営状況はおそらくそれほど悪化していなかったろう。

日本プロ野球史上初のストライキを導き、成功させ、12球団体制を守った古田敦也Bの貢献は大きかった。選手会会長として苦闘しながら、選手としての成績も立派だった。打率・３０６、ホームラン24、打点79。ヤクルトの攻守の要として活躍し、チームをセで、落合中日に次ぐ2位へと導いた。

２００４年の選手会ストライキへと至る激動は、野茂、イチローという2人のB型スターが、もちろんそれを意図してではないが、遠因を作り、もう一人のB型スター古田が、解決に奔走した。日本選手の大リーグへの大量進出という日本プロ野球史上の新時代に、３人の

B型たちは濃い影を落としている。

(8) ソフトバンク黄金時代(2009―2021年)

日本選手たちが次々に大リーグに渡るという状況が、すっかり当たり前に感じられるようになった頃、現在までのところ、日本プロ野球の最後の大王朝がパ・リーグに出現した。ソフトバンクホークスである。

ソフトバンクの前身は、かつての強豪チーム南海。1977年シーズン末にチームの顔だった野村克也Bを解任した後は、南海は長い低迷時代に入った。南海は経営権を譲渡し、89年にホークスは、福岡に拠点を移し、福岡ダイエーホークスとして生まれ変わった。福岡と言えば、かつては南海のライバルチーム西鉄ライオンズの本拠地であった。そのライオンズは、10年前に埼玉へと移り、西武ライオンズとなっていた。歴史のめぐり合わせである。

ダイエーは、杉浦忠A、田淵幸一A、根本陸夫ABという3人の監督を経て、95年から王貞治Oが指揮を執った。王の招聘は、ダイエーを全国区にするために、どうしても必要だった。かつて西武黄金時代の仕掛け人となった根本陸夫が、再び常勝チームを作るべく、動いたのである。王に監督の座を譲ると、根本は西武の時と同様、フロントに回り、王を強力にバックアップした。

王はホークスがダイエー傘下だった２００４年までの10年間で３回のリーグ優勝と２回の日本一を成し遂げ、ホークスを福岡の地に根付かせた。経営がソフトバンクに移り、ソフトバンクホークスとなった後も、王は引き続き、監督を続け、鶴岡一人ＡＢ監督の南海での23年連続に次ぐ2番目の14年の長期政権記録を、川上哲治Ａと分け合った。

しかし、王監督最後の５年間は、本人にもチームにもはがゆさの残るものとなった。２００４年からパ独自に始められたプレーオフ制度の大波をかぶったのである。この制度は２００７年から、セ・パ同時にスタートしたクライマックス・シリーズ（ＣＳ）とよく似たものだったが、ＣＳとは異なり、第2ステージで、シーズン1位チームに1勝のアドバンテージは与えられなかった。この制度下、王ホークスは、２００４、２００５年、シーズン1位ながら、いずれも第2ステージで敗退し、日本シリーズ進出はならなかった。ＣＳ制度下とは異なり、「優勝」の称号も与えられなかった。制度上は「2位」となったのである。

２００６年は旧プレーオフ制度下、シーズン3位で第2ステージまで進んだが、敗退した。ＣＳ初年度の２００７年も、３位から第1ステージに臨むも、またも敗退。４年連続で苦杯をなめ、王監督は、２００８年をもって監督を辞した。

王監督の後任は、西武黄金時代の中心選手の一人で、乞われて94年からダイエーに身を投じていた秋山幸二O。秋山は当時弱小球団だったダイエーで、精神的支柱となり、王監督とともダイエーの基礎を固めた選手だった。選手たちからの人望は厚く、当然の交代劇だった。ソフトバンクホークス黄金時代は、この秋山と、その後任で、秋山と同じく西武黄金時代に廣岡・森に学び、ホークスに移籍するやチームの投手陣の柱となった工藤公康という、両O型監督によってもたらされた。

秋山は6年の任期中、3回のリーグ優勝、2回の日本一、続く工藤は、7年間にリーグ優勝3回、日本一5回。リーグ優勝より日本一の方が多いのは、CSが定着した現在だからこそ起こりえた珍現象で、工藤ホークスは、リーグ優勝すると、3回ともそのまま日本一になっただけでなく、18年は西武に6・5差の2位でCSに進み、勝ち残り、19年も西武に2ゲーム差の2位でCSに進み、勝ち残った。そして、2年とも日本シリーズも制したのであった。チームとしては、王監督時代の苦杯の借りを返した格好となった。

秋山・工藤時代のホークスはとにかく強力だったし、勝負強かった。2人の13年間で、リーグ優勝6回、日本一7回。11年から20年までの10年間では、ホークスは日本シリーズに出れば必ず勝った。7回連続であった。

V9巨人は多くの指導者を後のプロ野球に遺したが、その代表が、西武黄金時代の廣岡、森両監督であった。二人は、川上巨人の組織野球、守り勝つ野球をそれぞれの工夫を加えながら継承した。そして、西武黄金時代に両監督に育てられた秋山、工藤が、ホークスで相次いで監督を引き受け、長い黄金時代を築いた。日本プロ野球史上のこの３つの大王朝は、一つの糸でつながっている。３つを通して、まず、川上、廣岡と２人のA型監督、続いて森、秋山、工藤と３人のO型監督が指揮を執った。

ホークスは、南海時代に、鶴岡11、野村１のリーグ優勝を重ね、日本一２回。福岡に移って、王３、秋山３、工藤３のリーグ優勝と、王２、秋山２、工藤５の日本一を加えた。計21回のリーグ優勝と、11回の日本一。ライオンズの、23回のリーグ優勝、13回の日本一を猛追している。血液型別にみると、リーグ優勝は、O型９、B型１、AB型11、日本一は、O型９、AB型２。ライオンズとは異なり、A型監督の優勝がない。

ちなみに、かつての南海は23年間連続でAB型の鶴岡が監督を独占したが、福岡のホークスは、95年から２０２３年まで、29年間にわたってO型監督時代が続いた。王14年、秋山６年、工藤７年、藤本博史２年である。一つの血液型の同一チームでの連続監督歴では、奇しくもホークスのこの29年と23年が日本プロ野球史上１位、３位となっている。

２位は、87年から２０１３年まで４人がかりで達成された中日O型王朝の27年（星野仙一11、落合博満８、高木守道６、山田久志２）、４位は中日のこの王朝と同じ87年にスタートし、２００７年に一足先に21年間で終焉を迎えた、４人がかりのヤクルトB型王朝である

（関根潤三3、野村克也9、若松勉7、古田敦也2）。同一チームの監督を20年以上1つの血液型が独占したケースは、現在までこの4つである。O型2、B型1、AB型1。A型だけこうしたケースがない。

〈一つの血液型による同一チームの監督の20年以上独占〉
1位　ダイエー＝ソフトバンクホークス　29年（1995―2023年）O型4監督
2位　中日ドラゴンズ　27年（1987―2013年）O型4監督
3位　南海ホークス　23年間（1946―1968年）AB型鶴岡一人監督
4位　ヤクルトスワローズ　21年間（1987―2007年）B型4監督

福岡に移って後、ホークスは、2023年まで35年の月日を重ねてきた。かつての福岡の球団ライオンズは、その前身球団を含め、50－78年と29年間、福岡で歴史を刻んだ。すでにホークスの方が、福岡の球団としての歴史は長い。

（9）中日黄金時代とセ・リーグA型監督12連覇（2004―2023年）

ソフトバンクの黄金時代とほぼ同時期、セ・リーグでは、一味違う黄金時代が到来した。

２０１２―２０２３年のえんえん12年に及ぶ５人のＡ型監督（原辰徳５、真中満１、緒方孝市３、高津臣吾２、岡田彰布１）によるセ・リーグ12連覇である。これは現在までのところ、日本のプロ野球では、一つの血液型によるリーグ優勝独占記録として最長のものである。セ・リーグは、65－73年のＡ型Ｖ９（川上巨人Ｖ９）、89－97年のＢ型Ｖ９、そしてこのＡ型Ｖ12と、不思議にチームを越えて一つの血液型の優勝の長期独占が発生する。たまたまか、何か特別な理由があるのか、パ・リーグには現在まで、これほどの一つの血液型による長期独占はない。

Ａ型Ｖ12以前、セ・リーグは、97年にＢ型王朝が終焉を迎えた後、チーム的にも血液型的にも大勝ちするグループはしばらくなかった。そんな中、２００４年に中日監督に就任した落合博満Ｏは、２０１１年までの８年間に、リーグ優勝４回、日本一１回を達成し、日本プロ野球創設の１９３６年以来の老舗球団中日に初の黄金時代をもたらした。中日は２０２３年までリーグ優勝９回、日本一２回、そのそれぞれ半ばを落合一人で占めている。

落合監督就任から２年後、２００６年に原辰徳Ａが２００３年以来の巨人監督に復帰する。原は翌２００７年からリーグ３連覇を果たした。セ・リーグ連覇は92－93年ヤクルト以来。３連覇となると、73年まで続いた巨人Ｖ９以来の快挙であった。原巨人はこの３年間に日本一にも１度なった。その後、落合の最後の２回の優勝をはさみ、いよいよ球史に残るセ・リーグA型監督12連覇となる。

先陣を切ったのは、また原巨人だった。再びのリーグ3連覇、日本一1回。それに上記の4人の監督が続いた。中でも広島を率いた緒方孝市監督Aによるリーグ3連覇は、広島に古葉・阿南監督時代以来の黄金時代をもたらした。しかし、同監督はやや勝ち運に恵まれず、日本一には届かずに終わった。緒方監督だけではない。ちょうどソフトバンク黄金時代と重なった巡り合わせもあり、この時のセ・リーグA型12連覇中の日本一は、初年度12年の原巨人と、21年高津ヤクルト、23年岡田阪神の3回にとどまっている。

この12年間のセ・リーグのA型監督は、外国人監督アレックス・ラミレス（A型）の5シーズンを除いた延べ67人中、35・5人（1年間をA型監督が、O型監督と2人で分け持ったケースがある）と、53%に達していた。それでもA型12連覇は、やはり珍しい。

(10) 日本ハム黄金時代と新生オリックス黄金時代（2006―2016、2021―2023年）

日本ハムは、1936年のプロ野球創立に参加した最初の前身東京セネタース以来、なかなか優勝できないチームだった。1962年の東映時代に、巨人から移った水原茂監督Oの下、初優勝・初日本一、81年に大沢啓二監督の下、リーグ優勝。2005年までは、70年間に２度の優勝だけだった。しかし、２００４年に北海道に拠点を移すと、道民の熱い声援を受け、チーム力を付けていった。チーム史上３度目の優勝は、移転３年目、トレイ・ヒルマン監督によってもたらされた。この年、２度目の日本一にもなった。この２００６年を起点に、２０１６年までは、日本ハム黄金時代と言えよう。

この11年間に、チームはリーグ優勝５回、日本一２回を達成した。リーグ優勝は、ヒルマン２回、梨田昌孝Ａ１回、栗山英樹Ａ２回、日本一はヒルマン１、栗山１である。チームの88年間の全リーグ優勝の５／７、全日本一の２／３がこの黄金の11年に集中している。

なかなか黄金時代を形成できなかった中日、日本ハムの２球団が、相次いでそれを迎えたことで、これまで、ロッテ、楽天、阪神、ＤｅＮＡを除く８球団が、黄金時代を経験したことになる。

我々が目撃した最新の黄金時代は、中嶋聡監督ＡＢ率いるオリックス・バファローズの２０２１—２３年のパ・リーグ３連覇である。パ３連覇は、94年までの森西武５連覇以来、達成したチームがなかった。また、中嶋監督は、ＡＢ型としては、68年まで監督を続けた鶴岡一人以来、54年ぶり２人目の複数回優勝監督ともなった。２０２１年の中嶋監督初優勝は、オリックスとしては、仰木彬監督Ａのもと、日本一になった１９９６年以来のごぶさた優勝でもあった。

オリックス3連覇最大の要因は、3年連続で投手主要4タイトル（最優秀防御率、最多勝、最多奪三振、最高勝率）を独占し、3年連続MVP、3年連続沢村賞ともなった山本由伸AB の存在である。2連覇までは、2023年に大リーグ・レッドソックスに移った吉田正尚Bも、21年首位打者、22年打率、打点ともにリーグ2位と、打の中心として大きく優勝に貢献した。

近年のオリックスは、次々と優秀な若手投手が台頭する育成のうまさにも定評があるが、23年日本シリーズ終了をもって、大黒柱の山本が大リーグへと去った。吉田、山本と2年連続で打・投の中心選手を失ったダメージはやはり大きかろう。中嶋監督が、この危機を乗り越え、黄金時代をさらに拡大できるかどうか。注目される。

阪急時代から続くオリックスは、パ・リーグの歴史上、西武、ソフトバンクに次ぐ3位、15回のリーグ優勝を遂げている。日本一は同じくパ3位の5回。リーグ優勝はO型10（西本幸雄5、上田利治5）、A型2（仰木彬2）、AB型3（中嶋聡3）、日本一は、O型3（上田3）、A型1（仰木1）、AB型1（中嶋1）である。

(11) 国際大会（2004年～）

イチローは、2001年に大リーグに渡ってからも打ち続け、第7節で紹介したような数々の記録を残した。しかし、大リーグ11年目の２０１１年に、日本時代から17年続けていた３割を切り、大リーグで初年度から10年続けていた２００安打も途切れると、２０１９年春の引退まで、我慢の日々が続いた。それでもヒットを積み重ね、遂に日米通算でピート・ローズの大リーグ記録を抜き、４３６７安打まで打ち続けた。

大リーグ通算３０００本安打にも届いた。こちらは３０８９安打。引退前年の２０１８年、イチローは９安打に終わったが、もしこれがなければ、大リーグ３０８０安打だった。これは数の上で、張本の持つ日本の通算安打記録３０８５にわずかに及ばない。イチローは、大リーグのヒットだけでの、「張本超え」を狙っていたと見るのは、うがち過ぎか。

野茂とイチローによってすっかり確立された日本選手の大リーグへの挑戦は、その後も何人もの一流日本人大リーガーを生んだ。その詳細は、第７章に譲り、ここでは、近年ますます盛大になってきた、野球のいくつかの国際大会での日本チームの歴史を概観しておきたい。

野球の国際大会の中でも、２００６年に始まったＷＢＣ（World Baseball Classic）は、最も注目度が高いと言えよう。王貞治監督Ｏ率いる日本チームは、この第1回大会を制し、続く２００９年の第2回大会も、原辰徳監督Ａの指揮の下、優勝し、連覇した。２０１３年の第３回大会は山本浩二監督Ｂ、２０１７年第４回大会は、小久保裕紀監督ＡＢで臨んだが、いずれも準決勝で敗れ、ベスト４に終わった。

２０２３年第5回大会、日本は栗山英樹監督Aのもと、捲土重来を期し、大谷翔平Bを筆頭に、ＷＢＣ日本代表史上最強とも言われる強力メンバーをそろえた。チームは数々の激闘を勝ち抜き、３大会ぶり、３度目の優勝を果たした。大会ＭＶＰとなった大谷にとどまらず、日本チームのまとめ役、精神的支柱となったダルビッシュ有A、打棒爆発し、再三日本を鼓舞した吉田正尚B、小指を負傷しながら試合に出続け、好守で日本を救った源田壮亮Oなど、多くの選手たちの躍動が日本人の胸に刻まれた。

ただ、後日談がある。この大会に出場したO型選手たちは、直後に始まったペナントレースで不調をかこつ姿が目立った。投手では、佐々木朗希、伊藤大海《ひろみ》、大勢、湯浅京己《あつき》、高橋奎二と6人中5人が苦しみ、野手では、山田哲人、村上宗隆のヤクルトの主砲２人がともに壊滅状態となった。前年度三冠王の村上が、この年のオールスターにも出場できないありさまだった。大会で負傷した源田はシーズン途中まで試合に出られなかった。O型は投手、野手合わせて12人の大会出場者中、８人が不調という深刻さだった。A型は11人中３人が不調、4人出場したB型、３人出場したＡＢ型には、シーズン中目立った不調はなかった。本書で第3章以下、詳しく見ていくように、O型は、日本のプロ野球のどの方面でも平均以上の成績を収めている。この大会後のO型の不調は、目立つ。

オリンピックでの日本の闘いも振り返ろう。２００４年アテネ大会は、長嶋茂雄監督Bをいただき、必勝の構えだったが、大会直前、長嶋は病に倒れ、中畑清Aが、代わって指揮を執った。結果は銅メダル。２００８年北京大会は、星野仙一監督Oのもと、栄冠を目指したが、結果は4位と、厳しかった。しかし、久しぶりに野球がオリンピックの競技として復活した２０２０年東京大会（開催は２０２１年）は、稲葉篤紀監督O率いるチームが、コロナ下、中止論も根強い中での無観客試合という、異様な環境の中、遂にオリンピックの野球で、日本初優勝を達成した。

稲葉監督は、２０１９年秋の、もう一つの国際大会プレミア12の第2回大会も、日本チームを率いて制していた。２０１５年に開催されたプレミア12第1回大会には、日本は小久保裕紀監督ABを擁して臨んだが、3位に終わっていた。稲葉監督は、その雪辱を果たしたのである。国際大会2勝の稲葉監督は、もっと評価されていい。

日本は、5回のWBCで、3回優勝、全選手プロで臨んだ、２００４年からのオリンピック3大会で1回優勝、プレミア12は、2大会で1回優勝、計10大会で5回優勝は、5割の勝率である。日本の野球は確実に力を伸ばしてきている。

国際大会の、のべ5人の優勝監督を、血液型別で見ると、O型3（王貞治1、稲葉篤紀2）、A型2（原辰徳1、栗山英樹1）となり、これまでのところ、O型とA型に限られている。

(12) これからの日本野球

２０２２年シーズン、ヤクルトの若き４番村上宗隆内野手Oは、・３１８で首位打者、56本でホームラン王、１３４打点で打点王を独占し、満22歳という史上最年少での三冠王となった。

投手では、同じ２０２２年シーズンの４月10日、ロッテの佐々木朗希Oが、20歳５ヵ月という史上最年少で、完全試合を達成した。13者連続奪三振（日本新）、19奪三振（日本タイ）、毎回奪三振という３つの大きなおまけまで付いた大記録だった。

日本プロ野球史上屈指の生涯成績を残す可能性のある山本由伸投手ＡＢが大リーグへと去った今、日本球界で最も注目を集めるのは、おそらくこの２人の若きO型であろう。

大リーグの日本人選手たちも当然、注目される。２０２３年までに日米通算１９７勝の楽天田中将大、同じく１９６勝のダルビッシュ有という２人のA型大投手の２００勝達成も間近である（付録参照）。もちろん、２０２４年からともにドジャースでプレーする大谷翔平B、山本由伸ＡＢらへの期待は大きい。

第3章　打つ・走る——豪打のO型、B型、走らないAB型

プロ野球の様々な記録を血液型のふるいにかけると、思いがけない世界が開けてくる。以下、第3章から第8章まで、プロ野球をいくつかの領域に分け、データで分析していきたい。この章では、打者に関する様々なタイトルや記録を検討する。

（1）打撃主要3部門タイトル・記録

まず、打撃部門主要3タイトル（首位打者、ホームラン王、打点王）獲得者を血液型別に集計してみよう。表の形でご紹介する。日本人大リーガーがアメリカで獲得したタイトルも算入している。本書では、以下、特に断らない場合、一貫して日米通算記録について考えていく。

日本人全体の血液型分布率は、手を抜いてこういうきれいな数字にしたわけではない。実際にほぼこの数字なのである（日本赤十字社）。本書では、分析の基準となるデータとして、常にこの数字を用いる。血液型別の各タイトル獲得者の分布率と、日本人平均の分布率のず

れ、その大きさに注目していただきたい。

タイトルごとに総のべ人数が異なるのは、一つには、血液型不明の選手が多少いる（時代がさかのぼるほど、不明率は高い）のと、日本人とは血液型分布率の大きく異なる諸国からの外国人選手を集計から外しているからである。もとより、外国人選手を軽んじるつもりは毛頭ない。「プロ野球と血液型」の関係をたどるには、本書では、各タイトル獲得者その他のデータ分析において、「日本人選手」という枠組み設定が欠かせないのである。

タイトルを2〜3人で分け合うケースもままある。こうした場合、2人ならそれぞれ½人、3人ならそれぞれ⅓人とはせず、すべて「1人」として算入している。ご異論もあろうが、ご承知おきいただきたい。

	O型	A型	B型	AB型	**χ自乗値、危険率**
日本人平均	30%	40%	20%	10%	
首位打者（137）	43（31・4%）	45（32・8%）	41（29・9%）	8（5・8%）	10・96、P＜2%
ホームラン王（120）	57（47・5%）	20（16・7%）	38（31・7%）	5（4・2%）	40・83、P＜0・1%
打点王（118）	59（50%）	23（19・5%）	33（28・0%）	3（2・5%）	38・44、P＜0・1%
打撃三冠計（375）	159（42・4）	88（23・5%）	112（29・9%）	16（4・3%）	75・43、P＜0・1%

ご覧のように、ここのどのタイトルについても、日本人平均とはかなり異なっている。タイトルごとの違いもあるが、全体として、どういうことにお気づきだろうか。

まず、O型とB型は、どのタイトルを見ても日本人平均を超えている。反対に、A型とＡB型は、どのタイトルでも日本人平均以下となる。今後のことはわからないが、１９３６年から２０２３年までの88年間の日本のプロ野球の全歴史を通して、今のところ、こういう結果となっている。打では、全体として、O型とB型が伸び、A型とＡＢ型が劣勢となるのである。

「こんな数字は単なる偶然に過ぎない。血液型で、野球の攻撃部門のタイトル獲得に差が出るわけがない」と反発される方もあるかもしれない。そこで、注目していただきたいのが、χ（カイ）自乗値とＰ（危険率）である。

難しい説明は省くが、χ自乗値は、統計学の一部門であるχ自乗検定を経て算出されるもので、その数字が大きくなればなるほど、観察されたある事象が偶然起こる確率は低くなる。ここで言えば、「現在までのところ、日本のプロ野球では、ＡＢO式血液型各グループで、打撃タイトルの獲得しやすさに差がある」ということが、偶然である確率は小さくなるのである。その具体的目安として、Ｐ（危険率）がある。一般にＰが５％以下でその事象は

「有意」であるとされる。すなわち、偶然とはみなさず、検討を続ける価値ある事象とされるである。ＡＢＯ式血液型のような４つのグループについての適合度の検定では、χ自乗値７・８１５で、Ｐは５％以下となる。

χ自乗検定は自然科学、社会科学を問わず、ある事象の科学的重要性を推計するための最もよく用いられる手法の一つである。本書でも、χ自乗検定を用いて、「プロ野球と血液型」をめぐる様々な事象を検討していく。本書では、各種分野別データを紹介する際、危険率５％以下となったものについては、χ自乗値とともに、表中に示す。と言っても、危険率５％以下にならなければ、無意味というわけでないことは、おわかりいただけるだろう。

最初だから、どうしても細々とした説明が多くなった。お許しいただきたい。表について、もう一つだけ補足しておくと、ホームラン王も打点王も打撃三冠合計も、全て危険率は０・１％以下となっている。これは、筆者の手元にある資料（吉田洋一・吉田正夫共編『数表』）では、危険率０・１％となる場合のχ自乗値16・２６８までしか示されていないからである。χ自乗値38・44なら、当然、危険率は０・１％をさらに下回るのだが、本書では、危険率は０・１％以下であることまでしか示せない。しかし、このことをご了解いただいておけば、行論上、問題はないはずである。

打撃主要３タイトルでも、首位打者は他の２部門と比べると、有意差が小さい。Ａ型もＡ

Ｂ型も、やはり平均よりは劣勢ではあるものの、相対的に他よりは日本人平均に近い。このことの意味は、以下の分析を通して次第に明らかになるはずである。

単なる数字だけでは、打撃部門の血液型模様は、いま一つぴんとこないかもしれない。そこで、各タイトルの主な獲得者たちを一覧してみよう。どのタイトルについても獲得回数の多い順に並べる。選手名の後にその選手の血液型を示す。獲得回数が同一の場合、Ｏ型→Ａ型→Ｂ型→ＡＢ型の順に並べる。スペースの関係で、タイトル獲得者全員はご紹介できない。

★は現役。

首位打者獲得回数

1位	9	イチロー	B
2位	7	張本勲	O
3位	6	長嶋茂雄	B
4位	5	王貞治	O
		落合博満	O
		川上哲治	A
7位	3	大下弘	O
		与那嶺要	O
		江藤慎一	A

ホームラン王獲得回数

1位	15	王貞治	O
2位	9	野村克也	B
3位	6	中村剛也	O★
4位	5	青田昇	O
		落合博満	O
		中西太	B
7位	4	山本浩二	B
8位	3	大下弘	O
		藤村富美男	O

打点王獲得回数

1位	13	王貞治	O
2位	7	野村克也	B
3位	5	藤村富美男	O
		落合博満	O
		長嶋茂雄	B
6位	4	中島治康	O
		中村剛也	O★
		山内一弘	A
9位	3	松井秀喜	O

11位	2	青木宣親 A★		松井秀喜 O			中田翔 O★
		O型 3名		山川穂高 A★			川上哲治 A
		A型 6名		岡本和真 A★			加藤秀司 A
		B型 8名		長池徳士 B			中西太 B
		AB型 1名		掛布雅之 B			長池徳士 B
				門田博光 B			山本浩二 B
							松中信彦 B

藤村富美男はホームラン王を3回獲得しているが、うち1回は、プロ野球初年度1936年秋の短期シリーズでの2本で、血液型不明の山下実、古谷倉之助とタイトルを分けた。これが日本最初のホームラン王である。第2章でご紹介した大下弘Oによる1946年のホームラン革命以前は、日本のプロ野球では、このようにホームランはめったに出なかった。

3部門とも、A型もO型とB型に押されて、なかなか上位に進出できていないが、AB型はさらにさびしい。とうとうこの表にはAB型の具体的選手名を書けずに終わった。首位打者2回獲得者に「AB型1名」とあるが、これは現ソフトバンクホークスの柳田悠岐選手である。AB型で打撃主要3タイトルのいずれかを2回以上獲得したのは、現在までのところ、この柳田と、ホームラン王2回の村田修一だけである。

ここで、筆者の知る限り、これまであまり紹介されて来なかった、ちょっと変わったランキングを示そう。奮闘及ばず、惜しくもタイトルを逃し次点に終わった回数のタイトルごとの集計である（血液型に言及せずに次点を取り上げた例は、宇佐美徹也にある）。ここに名の上がった選手たちは、首位打者次点回数トップの張本（首位打者7回獲得）を見ればお分かりの通り、必ずしも1度も各タイトルを取れなかったわけではない。タイトル獲得者・未獲得者両方がこの次点リストに顔を出している。

なお、ここで言う「次点」は、当然、タイトル獲得者に次ぐ成績をおさめた選手なのだが、タイトル獲得者が複数名の場合、つまり首位打者が同打率で2人とか、ホームラン王が同一本数で3人とかの場合、それぞれに次ぐ3番目の成績の者、4番目の成績の者など、「タイトルに届かず最も惜しかった者」を全て算入している。例えば2023年のパでは、3人のホームラン王が誕生し、1本差で万《ま》波《なみ》中《ちゅう》正《せい》選手Aが涙をのんだ。万波選手は、ここで私の言う「次点」に入る。その方が、「次点」の問題を考える場合、よりリアリティがあると思うからである。

首位打者次点回数ランキング（★は現役）

1位	5	張本勲	O	
2位	4	近藤和彦	A	
		若松勉	B	
4位	3	山内和弘	A	
		中西太	B	
6位	2	榎本喜八	O	
		王貞治	O	
		川上哲治	A	
		小鶴誠	A	
		中島裕之	A	★
		小笠原道大	A	
		秋山翔吾	A	★
		田宮謙次郎	B	
		長嶋茂雄	B	
		イチロー	B	
		吉田正尚	B	★
		新井宏昌	AB	
		松永浩美	AB	
		前田智徳	AB	
		坂本勇人	AB	★
		柳田悠岐	AB	★

ホームラン王次点回数ランキング（★は現役）

1位	5	山内一弘	A	
2位	4	大杉勝男	O	
		松井秀喜	O	
		長嶋茂雄	B	
5位	3	張本勲	O	
		落合博満	O	
		秋山幸二	O	
		中田翔	O	★
		江藤慎一	A	
		田淵幸一	A	
		加藤秀司	A	
		野村克也	B	
		池山隆寛	AB	
14位	2	O型：5名		
		A型：5名		
		B型：4名		

いかがだろうか。各タイトル獲得回数上位者とはかなり違った顔ぶれとなり、かなり違った血液型分布状況にもなっているのがお分かりいただけたはずである。特に首位打者次点2回以上の21人中、ＡＢ型が5人もいるのが目立つ。ここで、首位打者次点、ホームラン王次点の、回数上位者だけでなく、それぞれ全員を、血液型別に集計してみよう。比較のため、すでにご紹介した両部門のタイトル獲得者の血液型分布率を再掲する。

	O型	A型	B型	ＡＢ型	χ自乗値、危険率
首位打者（137）	43（31・4%）	45（32・8%）	41（29・9%）	8（5・8%）	10・96、P＜2%
首位打者次点（107）	33（30・8%）	38（35・5%）	25（23・4%）	11（10・3%）	
ホームラン王（120）	57（47・5%）	20（16・7%）	38（31・7%）	5（4・2%）	40・83、P＜0・1%
ホームラン王次点（103）	43（41・7）	33（32・0）	19（18・4）	8（7・8）	

首位打者、ホームラン王とも、次点の方が、日本人平均に近くなっているのがお分かりいただけるだろう。首位打者ではそれほどの差はないが、ホームラン王の場合、タイトルは16・7%しか取っていないA型が、次点では32%まで達しているのに対し、B型はタイトル

獲得者は31・7％もいるのに、次点は18・4％で、日本人平均を少し割り込んでいるという
A型とB型の対照が目立つ。

次点は、言わば決勝戦までは進みながら、そこで惜しくも敗退した選手とも言える。これまでのところ、打撃タイトル部門で、この決勝戦敗退の目立つA型とAB型には、今後の工夫の余地があろう。

B型には、チーム事情もあり、本人が果敢な打撃改造に取り組んで、自らをホームラン打者に作り上げたケースが目につく。小柄な門田、掛布はともに、高校時代、公式戦では1本のホームランも打っていない。広島黄金時代の不動の4番山本浩二も、20代では169本しか打てなかったホームランを、30になってから367本打っている。こうしたケースも参考になるのではないか。

A型で、意識的に自らをホームラン・バッターに改造しようとしたのは、新星大下弘に刺激され、「打撃の神様」川上哲治が、ホームラン狙いの打法を身につけようとしたケースくらいではないか。この川上も、48年に25本でホームラン王になり、これを起点に20本台を3年続けた後、元の首位打者狙いのバッティングに戻した。川上の生涯ホームラン数は、181本である。

A型にはこれまで、小柄なホームラン王はいない。O型には、青田昇、B型には中西太、

門田、掛布がいる。この点もA型打者には、発想の転換が必要かもしれない。小さな大投手なら、A型には長谷川良平、石川雅規がいるのだし。

ただ、すでに変化の兆しもある。A型ではホームラン王獲得回数の最高は3回だが、実はその2人は、いずれも現役選手である。山川穂高と岡本和真だ。山川がA型打者として初めてホームラン王3回に達したのが２０２２年、続いて翌年、岡本もこのラインに達した。今後、この二人がどこまで記録を伸ばすのか、注目される。

ここで、打撃主要3部門タイトルの選手別獲得総回数ランキングもご紹介しておこう。

打撃主要三部門タイトル獲得総回数ランキング

（）内数字は、順に、首位打者、ホームラン王、打点王各獲得回数（★は現役）

1位	33	王貞治	O	（5、15、13）
2位	17	野村克也	B	（1、9、7）
3位	15	落合博満	O	（5、5、5）
4位	13	長嶋茂雄	B	（6、2、5）
5位	10	中村剛也	O	（0、6、4）★
		川上哲治	A	（5、2、3）
13位	7	張本勲	O	（7、0、0）
		松井秀喜	O	（1、3、3）
		山内一弘	A	（1、2、4）
		松中信彦	B	（2、2、3）
17位	6	大下弘	O	（3、3、0）
		長池徳士	B	（0、3、3）

		中西太	B	（2、5、3）
		イチロー	B	（9、0、1）
9位	9	藤村富美男	O	（1、3、5）
10位	8	中島治康	O	（2、2、4）
		青田昇	O	（1、5、2）
		山本浩二	B	（1、4、3）

19位	5	加藤秀司	A	（2、0、3）
		岡本和真	A	（0、3、2）★
		門田博光	B	（0、3、2）
22位	4	大杉勝男	O	（0、2、2）
		村上宗隆	O	（1、2、1）★
		浅村栄斗	O	（0、2、2）★
		小笠原道大	A	（2、1、1）
		山川穂高	A	（0、3、1）★
		掛布雅之	B	（0、3、1）

3部門を合計すると、打撃分野でのO型、B型の伸びがさらに明確に見える。O型を代表する二人の豪打者、王貞治と落合博満は、バッティングの極意として、シンプルに徹することを語っている。

王「僕はストライクゾーンの4つの隅に来た球は打たなくていいという説です。その代わり、真ん中に来る球は逃してはいけない。……それが僕のバッティング哲学かな。バッティングは単純に考えないとね」（『野球にときめいて』90頁）

落合「(佐々木主浩の：筆者)伝家の宝刀であるフォークがいつ来るかわからないから打てないというが、なぜフォークを追いかけるのか。ストレートだけを待っていれば高い確率で攻略できるのである。どうせ打てないと思うなら、ストレートだけを待つ勇気を持てばいい」(『野球人』165頁)

他方、上位8人中、A型は川上一人、上位16人でも、山内が一人増えるだけで、AB型は一人もいない。AB型は、それぞれ首位打者2回、ホームラン王2回の、柳田、村田と、ホームラン王1回、打点王1回の小久保裕紀の3人が、3部門合計2回で最高なのである。

しかし、タイトル獲得回数だけでは、打撃各部門の各血液型の状況の一面しか見ていないのではないかという疑問もありうる。そこで、打撃に関する各種生涯成績も見ておこう。

生涯打率ランキング（４０００打席以上。２０２３年まで。★印は現役）

１位	イチロー	．３２２２	Ｂ	
２位	若松勉	．３１９１８	Ｂ	
３位	張本勲	．３１９１５	Ｏ	
４位	川上哲治	．３１３５	Ａ	
５位	柳田悠岐	．３１２８	ＡＢ	★
６位	与那嶺要	．３１１０	Ｏ	
７位	落合博満	．３１０８	Ｏ	
８位	小笠原道大	．３１０	Ａ	
９位	中西太	．３０７	Ｂ	
１０位	青木宣親	．３０５７	Ａ	★
１１位	長嶋茂雄	．３０５	Ｂ	
１２位	篠塚利夫	．３０４３	Ａ	
１３位	鈴木尚典	．３０３４	Ｏ	
１４位	大下弘	．３０３０	Ｏ	
１５位	和田一浩	．３０２９	Ｏ	
１６位	谷沢健一	．３０２４	Ｂ	
１７位	前田智徳	．３０２３６	ＡＢ	
１８位	内川聖一	．３０２３５	Ｂ	
１９位	王貞治	．３０１１	Ｏ	
２０位	藤村富美男	．２９９９	Ｏ	

通算安打ランキング

１位	イチロー	４３６７	Ｂ	
２位	張本勲	３０８５	Ｏ	
３位	野村克也	２９０１	Ｂ	
４位	王貞治	２７８６	Ｏ	
５位	松井稼頭央	２７０５	Ｏ	
６位	青木宣親	２７０３	Ａ	★
７位	松井秀喜	２６４３	Ｏ	
８位	門田博光	２５６６	Ｂ	
９位	衣笠祥雄	２５４３	Ｏ	
	福本豊	２５４３	Ｂ	
１１位	金本知憲	２５３９	Ｏ	
１２位	立浪和義	２４８０	Ａ	
１３位	長嶋茂雄	２４７１	Ｂ	
１４位	土井正博	２４５２	Ｏ	
１５位	石井琢朗	２４３２	Ｂ	
１６位	落合博満	２３７１	Ｏ	
１７位	川上哲治	２３５１	Ａ	
１８位	山本浩二	２３３９	Ｂ	
１９位	坂本勇人	２３２１	ＡＢ	★
２０位	榎本喜八	２３１４	Ｏ	

通算ホームランランキング

1位	王貞治	868	O	
2位	野村克也	657	B	
3位	門田博光	567	B	
4位	山本浩二	536	B	
5位	清原和博	525	B	
6位	落合博満	510	O	
7位	松井秀喜	507	O	
8位	張本勲	504	O	
	衣笠祥雄	504	O	
10位	大杉勝男	486	O	
11位	金本知憲	476	O	
12位	田淵幸一	474	A	
13位	中村剛也	471	O	★
14位	土井正博	465	O	
15位	長嶋茂雄	444	B	
16位	秋山幸二	437	O	
17位	小久保裕紀	413	AB	
18位	阿部慎之助	406	A	
19位	中村紀洋	404	O	
20位	山崎武司	403	A	

通算打点ランキング

1位	王貞治	2170	O	
2位	野村克也	1988	B	
3位	門田博光	1678	B	
4位	張本勲	1676	O	
5位	松井秀喜	1649	O	
6位	落合博満	1564	O	
7位	清原和博	1530	B	
8位	長嶋茂雄	1522	B	
9位	金本知憲	1521	O	
10位	大杉勝男	1507	O	
11位	山本浩二	1475	B	
12位	衣笠祥雄	1448	O	
13位	土井正博	1400	O	
14位	中村紀洋	1351	O	
15位	中村剛也	1342	O	★
16位	川上哲治	1319	A	
17位	秋山幸二	1312	O	
18位	イチロー	1309	B	
19位	小久保裕紀	1304	AB	
20位	新井貴浩	1303	B	

やはり、全体の傾向は、タイトル獲得者と変わらないが、通算記録では、顔ぶれがちょっと違っている。通算安打では、イチローの突出ぶり（4367安打）が目につこう。通算ホームランでの王も同じく突出している（868本）。

打撃主要3部門のタイトルを一つも取れず、「無冠の帝王」に終わった清原和博Bは、通算本塁打では525本を打ち5位につけているが、特別な勲章を持っている。2004年6月1日放送のテレビ朝日「報道ステーション」中の、当時野球評論家だった栗山英樹Aの話によると、試合中、1点差以内でのホームラン数の生涯ホームラン数に対する比率では、

清原和博B58％＞王貞治O53％＞長嶋茂雄B52％＞落合博満O51％

と、当時までの代表的強打者中、清原の比率が最高だった。清原は、「ここで打ってくれ」と期待のかかる場面で、最もよく打っていたわけである。栗山は、ここに、一つもタイトルを取れなくても、清原が黄金時代の西武で4番を張り続けた秘密があると語っていた。（ただし清原は2008年まで現役）

通算安打19位の坂本勇人は2023年まで2321本を積み上げている。これまで総じて打撃部門で目立たなかったAB型だが、坂本は面白い存在だ。彼はAB型の打撃部門のほと

んどを制覇する可能性がある。（1）安打数２３２１、（2）規定打席15回到達、（3）二塁打４４５、（4）得点１１８１、（5）打席数９０２７、坂本はすでにこの5部門でＡＢ型単独トップに立っている。他に、出場試合数でトップの前田智徳２１８８まで87、塁打でトップ小久保３７０９まで35（付記参照）で、ともにあと1年でクリアできる。これらをクリアすれば、ＡＢ型7冠となる。

坂本は２０２３年までに１００４打点を積み重ね、小久保１３０４、村田１１２３、前田１１１２に続くＡＢ型４人目の１０００打点選手ともなったが、この部門で小久保を抜くのは簡単ではない。ホームランも同じくＡＢ型トップの小久保の４１３本まで、まだ１２５本。こちらはさらに難しい。三振数もＡＢ型トップは小久保で１５１６だが、坂本はこの数字まではあと１１７。これは抜く可能性が高い。

ＡＢ型は打撃各部門の通算成績で、これまで一つもプロ野球トップ10入りを果たしていない。しかし、坂本は通算安打数、規定打席到達回数では、トップテン入りする可能性がある。それどころか、坂本には、日本球界歴代最高の張本の３０８５安打を超える可能性さえある。現在、筆者の野球観戦の楽しみの一つは、このこと、つまり、坂本による打撃分野でのＡＢ型の下剋上の成否にある。

（2）盗塁・四球・三振

野球における攻撃は、打撃だけから成り立っているのではない。もう一つ重要なのが、盗塁である。盗塁王についても、これまでのタイトル獲得者を、血液型別に見ておこう。

	O型	A型	B型	AB型	χ自乗値、危険率
盗塁王（144）	46（31・9％）	57（39・6％）	36（25％）	5（3・5％）	8・13、P＜5％

これについても、血液型別のタイトル獲得状況には、日本人平均からの有意なずれがある。危険率5％以下をクリアしているのである。しかし、O型、A型については日本人平均とほとんど違わないことにお気付きだろうか。盗塁王の血液型別分布状況では、何よりAB型の劣勢が顕著である。のべ5人だけ。しかも、5人が1回ずつで、少なくとも血液型判明者で見る限り、まだAB型で2回以上盗塁王になった選手は一人もいない。

以下、盗塁王獲得回数のランキングを示す。

盗塁王獲得回数ランキング（★は現役）

順位	回数	氏名	血液型	現役
1位	13	福本豊	B	
2位	6	柴田勲	A	
3位	5	広瀬叔功	A	
		赤星憲広	A	
5位	4	片岡易之	O	
		西村徳文	A	
		大石大二郎	A	
		西川遥輝	A	★
		石井琢朗	B	
		近本光司	B	★
11位	3	河野旭輝	O	
		高木守道	O	
		高橋慶彦	O	
		屋鋪要	O	
		松井稼頭央	O	
		山田哲人	O	★
		緒方孝市	A	
		野村謙二郎	B	

通算盗塁ランキング

順位	氏名	盗塁数	血液型	現役
1位	福本豊	1065	B	
2位	イチロー	708	B	
3位	広瀬叔功	596	A	
4位	柴田勲	579	A	
5位	高橋慶彦	477	O	
6位	松井稼頭央	465	O	
7位	大石大二郎	415	A	
8位	赤星憲広	381	A	
9位	荒木雅博	378	A	
10位	高木守道	369	O	
11位	西村徳文	363	A	
12位	石井琢朗	358	B	
13位	島田誠	352	B	
14位	吉田義男	350	O	
15位	中利夫	347	O	
16位	坪内道典	344	B	
17位	松本匡史	342	O	
	本多雄一	342	O	
19位	西川遥輝	332	A	★
20位	屋鋪要	327	O	
21位	高木豊	321	A	
22位	片岡易之	320	O	

ここでは打撃主要3部門とは異なり、A型が上位10人中6人もいるのが目を引く。もっともB型福本の13回は突出している。安打のイチロー、ホームランの王と匹敵する突出ぶりと言えよう。では、通算盗塁ランキングではどうか。

やはり、福本は突出するが、大リーグで500盗塁を達成したイチローが、日米通算で福本に次ぐ2位に入ったのが注目される。AB型は通算盗塁でも、ここに示した22位までに入っていない。

盗塁というものについて考えてみると、ヒットや四球などで出塁することで、打者として一仕事終えた後に、もう一仕事するわけである。AB型が盗塁で振るわないのは、一つには、これまでのところ、一仕事終えた後、もう一度、ギアを入れる作業に若干難があったからではないのだろうか。鶴岡一人監督ABが、日本シリーズに9回出て2回しか日本一になれなかった原因の一つも、リーグ優勝の形で一仕事終えた後、もう一つの仕事に向けてうまくスイッチが入らなかったということかとも思う。大相撲でも、北の湖、小錦というAB型の強い関取が、優勝決定戦で敗れる姿をしばしば目にした。

打率、ホームラン、打点、盗塁ほどは話題にならないが、実は四球は相手チームに与えるダメージが大きい。四球で出塁するのも、単打で出塁するのも、相手方に与える脅威は同じだし、四球を連発されると、守備陣の気合も削がれがちである。ここでは、通算四球ランキングを見ておこう。

通算四球ランキング（★は現役）

1位	王貞治	2390	O
2位	落合博満	1475	O
3位	松井秀喜	1391	O
4位	金本知憲	1368	O
5位	清原和博	1346	B
6位	福留孝介	1316	B
7位	張本勲	1274	O
8位	門田博光	1273	B
9位	野村克也	1252	B
10位	福本豊	1234	B
11位	山本浩二	1168	B
12位	谷繁元信	1133	A
13位	立浪和義	1086	A
14位	榎本喜八	1062	O
15位	山内一弘	1061	A
16位	鳥谷敬	1055	B
17位	中村紀洋	1032	O
18位	イチロー	1031	B
19位	栗山巧	1025	O★
20位	丸佳浩	1002	AB★
21位	土井正博	972	O
22位	長嶋茂雄	969	B

1位の王がただ一人、2000の大台を軽々と超えている（ちなみに王の通算安打は2786本）が、続く4位までもO型が独占している。その後B型も続き、11位まででは、O型5人、B型6人で逆転する。11位山本浩二までは、10位の福本を除き、まさに豪打者たちがランキングに名を連ねている。豪打者は、当然、しばしば勝負を避けられる。敬遠も、敬遠気味の四球も多くなる。四球の多さは、豪打者の一つの証なのである。A型は、やっと12位に谷繁、13位に立浪が登場するが、谷繁は日米通

算でイチローに次ぐ3021試合出場、立浪もA型では谷繁に次ぐ2586試合出場という試合数の多さにも拠っていよう。2人ともクリーンアップを打つような豪打者ではなかった。AB型は、20位の丸が最高位。四球1000個に達しているのは今のところ、丸までである。

通算三振ランキング（★は現役）

1位	中村剛也	2066	O	★
2位	清原和博	1955	B	
3位	福留孝介	1896	B	★
4位	谷重元信	1838	A	
5位	井口資仁	1796	O	
6位	山崎武司	1715	A	
7位	秋山幸二	1712	O	
8位	金本知憲	1703	O	
9位	中村紀洋	1698	O	
10位	新井貴浩	1693	B	
11位	松井秀喜	1623	O	
	松井稼頭央	1623	O	
13位	衣笠祥雄	1587	O	
14位	広澤克実	1529	B	
15位	門田博光	1520	B	
	松田宣浩	1520	B	
17位	小久保裕紀	1516	AB	
18位	野村克也	1478	B	
19位	大島康徳	1462	O	
	村田修一	1462	AB	
21位	池山隆寛	1440	AB	
22位	田中幸雄	1416	O	
23位	イチロー	1413	B	

四球とともに、三振は豪打者には付き物である。思い切って振らなければ、球は遠くに飛ばない。思い切って振れば、当然、空振りも増える。通算三振の上位にはどんな顔ぶれが並ぶだろうか。

四球でただ一人2000を超えたのはO型王貞治だったが、三振でただ一人2000を超えたのも、O型の中村剛也である。野次馬的な観察を言えば、ともに大リーグでも活躍した松井秀喜O、松井稼頭央Oの両松井が、どちらも1623三振で11位なのも面白い。

衣笠祥雄Oは、現役時代（65－87年）、身体がよじれるほどの強振を繰り返した。三振のチャンピオンとされていたが、その後、プロ野球では強振する選手が増え、衣笠は現在では13位におさまっている。90年デビューの野茂英雄Bが、フォークを決め球に三振を取りまくったことが象徴するように、衣笠以降、フォークを決め球にする投手が増えたことも三振数激増の一因とされている（NHK　FM「日曜喫茶室　プロ野球ファン　オフの楽しみ」1993年12月5日放送で、宇佐美徹也）。

全体的にやはり、O型、B型が目立つ。A型谷繁が4位にいるのは、四球同様、試合数の多さにもよっていよう。同じA型でも豪打者山崎とは内容が異なる。1500三振以上は、17人いるが、その内訳は、

O型8（47・1％）A型2（11・8％）B型6（35・3％）AB型1（5・9％）

となる。A型はシュアなバッティングを目指しているということだろうか。反面、ホームラ

ン数は伸び悩む。打撃主要3部門タイトルで、A型が最も健闘しているのは首位打者である（32・8％）。

通算ホームランで上位20人には17位の小久保しか入っていなかったAB型が、通算三振では23位までに3人いるのがちょっと目を引く。実はここには書き切れなかったが、通算三振30位まで見ると、AB型はさらに24位坂本勇人1399、27位丸1358と、現役組2人が「入選」する。「ブンブン丸」と呼ばれ強振を繰り返し、三振が目立った池山は意外に少ないようだが、これは出場試合数、打席数の少なさによるもので、通算三振数を通算打席数で割った三振率では、池山は0・220で、2023年までトップの中村剛也0・260とはだいぶ差があるものの、たとえば2位の清原の0・207は軽く超えている（ちなみに、谷繁の三振率は、0・178）。

なかなかホームラン王には届かないAB型だが、もしかすると、その志は、O型、B型の豪打者たちに引けを取らないのかもしれない。ホームランを狙って、思い切りよく、振れども振れども、今のところは、なかなか成果に結びついていないということだろうか。

第4章　投げる・守る――躍動するAB型

（1）投手と打者

野球でより脚光を浴びるのは、打者だろうか、投手だろうか。もちろん、人それぞれの好みもあるのだが、毎試合出てくる打者の方が、顔なじみにもなりやすいし、多くのファンに、より注目されることにもなりそうだ。ホームランの魅力もある。しかし、ファンでなく、プロ野球人たちなら、野球で一番重要なのは投手力だと言う場合が多い。投手力を中心とした堅い守りをするチームが、勝つ確率が高いし、長い黄金時代を築くことにもなるからだ。

投手と打者の関係を見ると、基本的には投手が主導権を握っている。投手は、いくつもの持ち球を、どのコースに、どういう組み立てで投げるのか、打者のコンディションなども考えながら決めていく。打者は個々の投手の投球時の癖を観察したり、配球の傾向を探ったりして対抗する。しかし、投手に押され気味である。何しろ、打者は3割打てば一流。ということは、7割は投手にしてやられてしまうのだ。もっとも野球における投手の絶対有利がすっかり当たり前になってしまったので、野球ファンには、ある打者がある投手から3割打てば、それは打者の勝ちという感覚が定着してしまっているが。
もちろん、打者の投手攻略には、四球なども含まれる。それを考慮した出塁率を見ても、第1位王貞治でも、生涯出塁率は・44626と5割に達しない。野球は絶対の強者である投手に弱者である打者が立ち向かうスポーツであるとも言えよう。

投手生涯対戦打者数ランキング

1位	金田正一	22078	B
2位	米田哲也	21023	AB
3位	小山正明	19423	A
4位	鈴木啓示	18648	O
5位	別所毅彦	17500	AB
6位	梶本隆夫	17456	B
7位	東尾修	17109	O
8位	スタルヒン	16754	?
9位	山田久志	15750	O
10位	若林忠志	14438	?

打者生涯打席数ランキング

1位	イチロー	14832	B
2位	野村克也	11970	B
3位	王貞治	11866	O
4位	張本勲	11122	O
5位	衣笠祥雄	10634	O
6位	金本知憲	10431	O
7位	谷繁元信	10336	A
8位	門田博光	10304	B
9位	福本豊	10130	B
10位	立浪和義	10033	A

ともあれ、野球の中心は投手対打者の勝負である。ところで、一流の投手、打者はそれぞれ、現役中にどれくらいの数の勝負をこなすのだろう。ふとこのことを考えて、調べてみて驚いた。現役期間中、投手の方が、打者よりずっと多くの勝負をこなしているのだ！　ここに、投手の生涯対戦打者数、打者の生涯打席数のそれぞれ上位者を示す。

生涯打席数で断然トップのイチローも、投手の生涯対戦打者数第９位の山田に、１０００近く及ばない。対戦打者数トップの金田は、現役中、野村、王、張本クラスの打者の２倍ほども勝負をしていた。

近年では、投手は60年代くらいまでとは異なり、あまり酷使されなくなった。それでも、最近２００勝に達した投手たちの対戦打者数は、工藤公康Ｏ１３８９０、山本昌ＡＢ１３８６２、黒田博樹Ｂ１３８３８、野茂英雄Ｂ１２９３７に達するし、２００勝が近い現役投手も、石川雅規Ａ１３０４１、ダルビッシュ有Ａ１１６６０、田中将大Ａ１１５１５となる。平均的に一流先発投手は、生涯に一流打者よりもかなり多くの勝負をこなすのである。

もちろん、救援投手は事情が異なる。通算セーブ数５位までの投手たちの、生涯対戦打者数はこうなる。

通算セーブ上位者の生涯対戦打者数（★は現役）

１位	岩瀬仁紀	４０７セーブ	４０２１	ＡＢ
２位	佐々木主浩	３８１セーブ	３４２２	Ｏ
３位	高津臣吾	３１３セーブ	３６１１	Ａ
４位	平野佳寿	２５０セーブ	５０６５	Ｏ★
５位	藤川球児	２４５セーブ	３８７５	Ｏ

救援投手、特にクローザーの生涯対戦打者数は、このようにぐっと少なくなる。この中では、平野がちょっと多いのは、最初のうち、先発投手をやっていたからである。ともあれ、この５人の生涯の勝負数は、１０００〜１２００安打の打者の生涯勝負

数より少ないくらいである（たとえば、1294安打の中畑清Aは4838打席、1093安打の小早川毅彦Aは4600打席）。それだけの勝負をこなせば、クローザーは、もう、つとまらなくなる。それほど、クローザーは密度の濃い、過酷な勝負をしているということだ。

打者は野手として守備も担当する。守備にも少なからず「勝負」の側面がある。たとえば現役の坂本勇人ABは、2023年まで9027打席に対し、守備機会は9529で、ショート中心に守ってきた選手の守備機会はさすがに多い。坂本の打席と守備機会を足してみると18556。数字上は、投手の対戦打者数4位の鈴木にほぼ匹敵する。しかし、守備は投打の対決と比べれば、やはりエネルギーはそれほど使うまい。早い話、一度の勝負でも、投手は何球か投げ、打者は何球か、見る、振る。

また、投手も多少は打席に立つ。投手最多打席の金田正一Bは、2233打席（本格的投打二刀流野口二郎の3594打席は別枠）、相手投手と勝負している。投手は守備もこなす。やはり、投手は、現役期間を通し、打者よりもより強烈に勝負しているグループと言えよう。この章では、次の第2節で、この投手たちについて検討していく。第3節では、守備の名手たちについて、ゴールデン・グラブ賞受賞者たちを通して考える。

（２）投手主要４部門タイトル・記録

すっかりＯ型、Ｂ型ばかりに名をなさしめた感のある打・盗の攻撃部門だが、同じ野球でも、投手部門は、全く様相を異にしている。結論を先に言えば、ＡＢ型が異様なほど日本人平均から伸びるのである。ここでもまず、主要部門のタイトル獲得状況を血液型別に見てみよう。攻撃部門では、首位打者、ホームラン王、打点王と盗塁王を紹介したので、投手部門も４つ選ぶ。アメリカでも先発投手の主要3タイトルとされている最優秀防御率、最多勝、最多奪三振と、近年ますます重要性を増している最多セーブである。

日本では伝統的に、「投手三冠」と言えば、最優秀防御率、最多勝と、最高勝率だったが、90年に野茂が三振ブームを巻き起こして、表彰の表舞台に出た最多奪三振が、近年では、最高勝率に代わり、「投手三冠」の一角とされている。これに最高勝率を加え、「投手四冠」とすることもある。ＡＢ型山本由伸が、２０２３年まで、日本プロ野球史上初めて、この投手四冠を3年連続で達成したことが記憶に新しい。

	O型	A型	B型	AB型	χ自乗値、危険率
最優秀防御率（131）	40（30・5%）	44（33・6%）	29（22・1%）	18（13・7%）	
最多勝（157）	50（31・8%）	51（32・5%）	27（17・2%）	29（18・5%）	14・29、P＜0・5%
最多奪三振（147）	52（35・4%）	51（34・7%）	30（20・4%）	14（9・5%）	
投手三冠計（435）	142（32・6%）	146（33・6%）	86（19・8%）	61（14・0%）	12・57、P＜1%
最多セーブ（83）	28（33・7%）	27（32・5%）	16（19・3%）	12（14・5%）	

　1976〜2004年は、救援投手のタイトルは、最多セーブとは少しルールの異なる「最優秀救援投手」であった。現在は、「最多セーブ」となっている。ここの「最多セーブ（83）」には、最優秀救援投手を含む。「最多セーブ」だけ総人数が少ないのは、賞の創設が遅いからである。

　打撃主要3部門タイトルでは、首位打者が危険率2%以下と、最も有意差が小さい（有意差はありながらも最も日本人平均と近い）が、先発投手主要3タイトルでは、最優秀防御率獲得者の血液型別分布率は、最多勝に比べ、日本人平均にずっと近い。危険率も5%以下とはならない。もっとも最多奪三振はそれ以上に日本人平均に近いし、サンプル数が相対的に小さいということもあり、最多セーブも明確な有意差を示さない。

　現在までのところ、投手部門タイトルでは、血液型分布率は全体的に、打撃部門に比べ、日本人平均からのずれが小さい傾向にある。それでも最多勝は危険率０・５％以下で明確な有意差を示す。ＡＢ型が18・５％で、日本人平均でＡＢ型の倍のＢ型の17・２％より多い。最多奪三振こそ、ＡＢ型は日本人平均にわずかに及ばないが、最優秀防御率での伸びも顕著である。先発投手三冠部門総計のべ４３５人については、やはり危険率１％以下と、有意差が出ている。

　参考までに最高勝率のタイトル獲得者（最高勝率は、これまで表彰されない年度、リーグもあったことに注意。その場合もここで言う「タイトル」に入れてある）のべ１２２人についてもご紹介しておくと、

	最高勝率（122）
O型	48（39・3％）
A型	33（27・0％）
B型	21（17・2％）
ＡＢ型	20（16・4％）
χ自乗値、危険率	14・13、P＜0・5％

となる。O型も顕著に伸びているが、やはりＡＢ型の優秀さが目立つ。日本人平均からの伸び率では、O型が1・31倍なのに対し、ＡＢ型は1・64倍なのである。ＡＢ型は先発投手として、よく勝ち、しかも勝負強い。

　投手部門各タイトル獲得者たちの具体的顔ぶれも見ておこう。（次頁）★は現役投手。

　打撃部門と比べ、Ａ型が躍進しているのが見て取れようが、それよりもさらにＡＢ型の躍動ぶりが目立つ。

最優秀防御率獲得回数

順位	回数	選手	血液型
1位	5	稲尾和久	B
2位	4	工藤公康	O
		菅野智之	A★
		山本由伸	AB★
5位	3	村田兆治	O
		村山実	A
		前田健太	A★
		金田正一	B
		斎藤雅樹	AB
10位	2	O型	4名
		A型	5名
		B型	5名
		AB型	1名

最多勝獲得回数

順位	回数	選手	血液型
1位	5	斎藤雅樹	AB
2位	4	涌井秀章	A★
		稲尾和久	B
		野茂英雄	B
5位	3	鈴木啓示	O
		山田久志	O
		松坂大輔	O
		渡辺久信	A
		菅野智之	A★
		金田正一	B
		別所毅彦	AB
		山本昌	AB
		山本由伸	AB★

奪三振王獲得回数

順位	回数	選手	血液型
1位	10	金田正一	B
2位	8	鈴木啓示	O
3位	6	江夏豊	A
		野茂英雄	B
5位	5	則本昂大	A★
6位	4	村田兆治	O
		松坂大輔	O
		ダルビッシュ有	A★
		山本由伸	AB★
10位	3	江川卓	O
		遠藤一彦	O
		川口和久	O
		井川慶	O
		杉内俊哉	A
		稲尾和久	B

投手部門各タイトル「決勝戦」の様子はどうだろうか。つまり、タイトル次点の投手たちの顔ぶれである。★は現役投手。

最優秀防御率次点回数ランキング

順位	回数	選手	血液型
1位	3	山田久志	O
		村山実	A
		渡辺久信	A
		ダルビッシュ有	A★
		桑田真澄	AB
		山本昌	AB
7位	2	鈴木啓示	O
		江川卓	O
		黒木知宏	O
		川上憲伸	O
		菊池雄星	O★
		小山正明	A
		神部年男	A
		小林繁	A
		川端順	A
		今中慎二	A
		千賀滉大	A★
		藤田元司	B
		稲尾和久	B
		槙原寛己	B
		西勇輝	B★
		東克樹	B★
		別所毅彦	AB
		西本聖	AB

最多勝次点回数ランキング

順位	回数	選手	血液型
1位	5	工藤公康	O
		西口文也	O
		金田正一	B
		桑田真澄	AB
5位	4	井川慶	O
6位	3	杉下茂	O
		山田久志	O
		東尾修	O
		江川卓	O
		星野伸之	O
		小林繁	A
		ダルビッシュ有	A★
		則本昂大	A★
		野口二郎	B
15位	2		

O型‥6名
A型‥10名
B型‥4名
AB型‥3名

先発投手部門各タイトル獲得回数上位者とは、やはりかなり違う顔ぶれとなっている。全次点者を血液型別に集計すると以下のようになる。参考のため、両部門のタイトル獲得者の集計も再掲する。

	O型	A型	B型	AB型	χ自乗値、危険率
最優秀防御率（131）	40（30・5％）	44（33・6％）	29（22・1％）	18（13・7％）	
最優秀防御率次点（121）	36（29・8％）	49（40・5％）	20（16・5％）	16（13・2％）	
最多勝（157）	50（31・8％）	51（32・5％）	27（17・2％）	29（18・5％）	14・29、P〈0・5％
最多勝次点（180）	72（40％）	60（33・3％）	29（16・1％）	19（10・6％）	

最優秀防御率では全体的に次点の方が日本人平均に近い。最多勝次点ではO型がぐっと伸び、AB型がぐっと減り、必ずしもタイトル獲得者より日本人平均に近いとは言えない。

先発投手主要三部門タイトル獲得総数ランキングも見ておく。

やはり大投手たちが並ぶが、中でも日本球界わずか7年で、野茂と並ぶ4位タイ11冠の山本由伸ABの爆発ぶりが目立つ。別枠だが、山本は最高勝率のタイトルも3回獲得している（2021―23年、3年連続）。最高勝率も組み込んで先発投手四部門総計で見ると、1位金田16に次ぎ、2位稲尾14、同じく山本14となる。

先発投手主要3部門タイトル獲得総数ランキング

（　）内数字は、順に、最優秀防御率、最多勝、奪三振王獲得回数。★は現役。

1位	16	金田正一	B	（3、3、10）	
2位	12	鈴木啓示	O	（1、3、8）	
		稲尾和久	B	（5、4、3）	
4位	11	野茂英雄	B	（1、4、6）	
		山本由伸	AB	（4、3、4）	★
6位	9	松坂大輔	O	（2、3、4）	
		江夏豊	A	（1、2、6）	
		菅野智之	A	（4、3、2）	★
		斎藤雅樹	AB	（3、5、1）	
10位	8	村田兆治	O	（3、1、4）	
11位	7	村山実	A	（3、2、2）	
		前田健太	A	（3、2、2）	★
		ダルビッシュ有	A	（2、1、4）	★
14位	6	江川卓	O	（1、2、3）	
		工藤公康	O	（4、0、2）	
		上原浩治	B	（2、2、2）	
17位	5	杉下茂	O	（1、2、2）	
		山田久志	O	（2、3、0）	
		遠藤一彦	O	（0、2、3）	
		井川慶	O	（1、1、3）	
		伊良部秀輝	A	（2、1、2）	
		杉内俊哉	A	（1、1、3）	
		田中将大	A	（2、2、1）	★
		則本昂大	A	（0、0、5）	★
		斉藤和巳	B	（2、2、1）	
		別所毅彦	AB	（1、3、1）	
		山本昌	AB	（1、3、1）	

最優秀救援・最多セーブ獲得回数ランキング

1位	5	赤堀元之	O
		佐々木主浩	O
		江夏豊	A
5位	4	岩瀬仁紀	AB
		高津臣吾	A
6位	3	鈴木孝政	A
		松井裕樹	A ★
		武田久	B
8位	2	佐藤道郎	O
		藤川球児	O
		山崎康晃	O ★
		斉藤明夫	A
		金城基泰	A
		山本和行	B
		益田直也	B ★

投手のもう一つのビッグ・タイトル、最優秀救援・最多セーブの獲得回数上位者は上記のようである。★は現役。

江夏は、先発投手の主要3タイトルに匹敵するこの部門のタイトル獲得数が、首位タイの5回である。これを最高勝率を加えた先発投手主要4部門の総タイトル数に算入すると、14となり（江夏は最高勝率は、1度も獲得していない）、金田Bの16に次ぐ、稲尾和久B、山本由伸ABと並ぶ2位となる。

江夏は本格的先発投手であり、かつ、本格的クローザーであるという一種の「二刀流」投手であったとも言えよう。同時期にではなく、シフトしてではあるが。

次に、投手部門の各通算成績上位者を一覧する。飛ぶボール・飛ばないボールなど、時代差の影響を最ももろに受ける生涯防御率については、省く。

通算勝利数ランキング

1位	金田正一	400	B
2位	米田哲也	350	AB
3位	小山正明	320	A
4位	鈴木啓示	317	O
5位	別所毅彦	310	AB
6位	山田久志	284	O
7位	稲尾和久	276	B
8位	梶本隆夫	254	B
9位	東尾修	251	O
10位	野口二郎	237	B
11位	工藤公康	224	O
12位	村山実	222	A
13位	皆川睦雄	221	A
14位	山本昌	219	AB
15位	杉下茂	215	O
	村田兆治	215	O
17位	北別府学	213	O
18位	中尾碩志	209	B
19位	堀内恒夫	203	O
	黒田博樹	203	B
21位	平松政次	201	O
	野茂英雄	201	B

通算奪三振ランキング

1位	金田正一	4490	B
2位	米田哲也	3388	AB
3位	ダルビッシュ有	3379	A★
4位	小山正明	3159	A
5位	野茂英雄	3122	B
6位	鈴木啓示	3061	O
7位	江夏豊	2987	A
8位	梶本隆夫	2945	B
9位	工藤公康	2859	O
10位	稲尾和久	2574	B
11位	田中将大	2562	A★
12位	石井一久	2550	O
13位	三浦大輔	2481	B
14位	黒田博樹	2447	B
15位	村田兆治	2363	O
16位	山本昌	2310	AB
17位	村山実	2271	A
18位	前田健太	2184	A★
19位	杉内俊哉	2156	A
20位	松坂大輔	2130	O

通算セーブランキング

1位	岩瀬仁紀	407	AB
2位	佐々木主浩	381	O
3位	高津臣吾	313	A
4位	平野佳寿	250	O★
5位	藤川球児	245	O
6位	松井裕樹	236	A★
7位	小林雅英	234	B
8位	山崎康晃	227	O★
9位	益田直也	218	B★
10位	増田達至	194	AB★
11位	江夏豊	193	A
12位	馬原孝浩	182	A
13位	大塚晶文	176	AB
14位	武田久	167	B
15位	永川勝浩	165	O
16位	増井浩俊	163	A
17位	豊田清	157	O
18位	赤堀元之	139	O
	斎藤隆	139	O
20位	大野豊	138	B

Ｂ型は、先発投手主要３部門と最多セーブのタイトル獲得者全５１８人中１０２人だから、その割合は19・７％と日本人平均をわずかだが割り込んでいる。しかし、通算勝利数ランキングで上位22人中７人、通算奪三振ランキングで20位までに６人と、上位者に多く進出している。Ｂ型には、こうした傾向が、プロ野球の他の領域でもしばしば見られる。

別所毅彦ＡＢは、通算勝利数３１０勝で５位に位置しているが、実は、44―45年は戦争のため、投げていない。このハンディがなければ、通算３５０勝に届いていた可能性はかなり高い。通算勝利１～４位は全て戦後の投手たちである。

ＡＢ型は、打者部門では目立たないが、投手部門では躍動している。なぜなのだろう。筆者は、今のところ、こう考えている。

レギュラー・クラスの打者（野手）は、基本的に毎試合出場するが、先発投手は、ローテーションに従って登板する。かつては中３日という時代もあったが、近年、週に１度の登板が標準になってきている。中３日でも、３日間は試合に出ないわけで、休みが明確にあった。ＡＢ型は、たっぷり休み、試合に出れば集中して力を発揮する、そして目立つという投手のライフ・スタイルと相性がいいように思う。

他のスポーツを見ても、毎日試合が続くのではなく、きちんと休めるプロサッカーに、ＡＢ型の優秀な選手が目立つ印象があるし、若いころから抜群の才能に定評がありながら、なかなか結果を出せなかったスキー・ジャンプ葛西紀明ＡＢが、思い切って練習量を減らし、みるみる成績を上げたケースも思い浮かぶ。将棋の羽生善治ＡＢもきちんと休むこと、生活にメリハリをつけることを重視している。

ＡＢ型には各界で有能なプロデューサーも目立つ。プロデューサーの重要な仕事の一つは、人材の組み合わせの最適解の発見にある。投手の仕事の大きな部分は、言わば、持ち球、コース、緩急など、様々な組み合わせを駆使することだ。ＡＢ型には総じて、組み合わせの名手が目立つように思う。

投手の話の最後に、筆者の好きなエピソードを一つ、ご紹介したい。通算勝利数２１５で、15位タイの杉下茂Ｏである。杉下は１９５４年、天知俊一監督ＡＢのもと、中日のエースとして、同チームに初優勝、初の日本一をもたらした。32勝12敗、防御率１・39で、最優秀防御率、最多勝、最多奪三振、最高勝率、沢村賞、ＭＶＰを総なめだった。この年の中日の優勝、日本一は、水原巨人のＶ９を結果的に阻止し（この年５・５ゲーム差で２位の巨人は、その前後、セ３連覇と、５連覇）、三原監督の日本シリーズでの唯一の敗北（その後、西鉄で３回、大洋で１回日本一）をもたらした、画期的なものだった。

杉下にこの年、破格の大活躍をもたらした原動力こそ、「魔球」と恐れられたフォークボールだった。杉下は、日本で最初にフォークボールを駆使した投手だったのである。ところが、杉下の手記を読むと、いきなり意外な一節に出くわす。

フォークボール全盛である。……三振をとるのには、フォークが有効と……通説になっているくらいである。ぼくが選手時代、フォークボールを多投してゲームに勝った。（ママ）巨人の川上さんを三振にとって、巨人をやっつけた、といわれているが、実際のところ、ぼくは三振をとるのにフォークを使う、ということはあまり好きではなかった。ストライク・ゾーンからボール・ゾーンへ落とす。それを振らせる。回転しないボールを、大体の見当をつけて投げる。それで打者を打ち取る。

こんなのは、打者をだますことだ。ごまかしだ。そんなごまかしで打者と勝負するのは男のやることじゃない。ズバリと、打者が打てるストライク・ゾーンへ投げて三振にとる。それこそ男性的ピッチングというべきじゃないか。ワンバウンドになるような球は、どんな打者だって打てないに決まっている。打者が打てない球を投げるなんて卑怯なピッチングではないか。そんな気持ちが、心の隅っこにあった。……フォークを投げれば勝てるんだ、という気持ちがあっても、ストレートで勝負の意識が強かった（『フォークボール一代』９―11頁。ちなみに同書は、野茂がデビューする2年前に出版されている）。

こういう気持ちがあったから、杉下は、実際にはあまりフォークを投げなかったと言う。もちろん、「最後にはあれが来るぞ」と打者に脅威を与えることは意識していたのだが。

投手と打者が、互いに死力を尽くし、自らの武器を全て使って戦うプロ野球の戦場で、こういう古風な、一徹な考え方の投手がいたことは、なんとも清々しい。もっとも、現在の組織化の進んだプロ野球の戦い方の中では、杉下のこういう態度は、「わがまま」と切って捨てられそうだが。

（３）ゴールデン・グラブ賞

野球の「守り」については、投手成績以外に、投手も含めた９つのポジションの守備についても、見ておく必要がある。現在、日本プロ野球では、ゴールデン・グラブ賞（正式には「三井ゴールデン・グラブ賞」）が、守備部門の最も重要な表彰項目となっている。同賞は、１９７２年に「ダイヤモンドグラブ賞」として発足し、86年から現在の名称となった。ここでは、ダイヤモンドグラブ賞時代の獲得者も、ゴールデン・グラブ賞獲得者に算入して考えていく。２０２３年までの同賞獲得者の血液型別分布率は、次のとおりである。

G・グラブ賞（884）	
O型	308（34・8％）
A型	287（32・5％）
B型	201（22・7％）
AB型	88（10・0％）
χ自乗値、危険率	22・76、P＜0・1％

打撃主要3部門、盗塁、先発投手主要3部門、最多セーブで、全て日本人平均を超えているO型は、ここでも伸びている。その伸び率は1・16倍で、1・14倍のB型をわずかにおさえている。もっともO型にしろB型にしろ、打撃部門や投手部門のように極端に増えてはいない。守備部門は、これまで比較的日本人平均に近い形で表彰されて来ている。それでも危険率が0・1％以下と大きな有意差を示すのは、884人というサンプル数の大きさにも拠っていよう。

以下にゴールデン・グラブ賞獲得回数上位者を、野手、投手に分けて紹介する。同賞は、年度によって、あるポジションが「該当者なし」となったり、1つのポジションに2人が選出された場合がある。注意されたい。★は現役。

ゴールデン・グラブ賞の前身ダイヤモンドグラブ賞の表彰は1972年に始まった。当然、それ以前の選手は選出されていない。このため、たとえば、華麗な守備でも名をはせた長嶋

ゴールデン・グラブ賞獲得回数（野手）

1位	17	イチロー	B
2位	12	福本豊	B
3位	11	伊東勤	O
		秋山幸二	O
5位	10	駒田徳広	O
		宮本慎也	O
		新庄剛志	A
		菊池涼介	A★
		山本浩二	B
		石毛宏典	B
		古田敦也	B
12位	9	王貞治	O
		平野謙	A
		大島洋平	A★
15位	8	山下大輔	O
		蓑田浩二	O
		辻発彦	A
		城島健司	A
		松田宣浩	B

ゴールデン・グラブ賞獲得回数（投手）

1位	8	西本聖	AB
		桑田真澄	AB
3位	7	堀内恒夫	O
		松坂大輔	O
5位	5	山田久志	O
		東尾修	O
		前田健太	A★
8位	4	涌井秀章	A★
		菅野智之	A★
		足立光宏	B
		斎藤雅樹	AB
12位	3	工藤公康	O
		西口文也	O
		川上憲伸	O
		田中将大	A★
		山本由伸	AB★

茂雄は、2回の受賞にとどまっている。

イチローは、1994年から2010年まで日本で7年連続、続けてアメリカで10年連続受賞し、17回という突出した記録を残している（アメリカの賞の名称は「ゴールドグラブ」と、日本のそれとは微妙に異なるが、ここでは両者は同格と考え、合算した）。イチローが突出しているのは、通算安打数だけではない。

10回で5位タイの新庄剛志Aと、8回で15位タイの城島健司Aには注意を要する。新庄は3年間大リーグでプレーし、日本を離れていた。帰国後引退までの日本ハムでの3年間も、ゴールデン・グラブ賞を続けて取っているから、もし大リーグに行かず、日本にずっといたら、同賞を13回獲得していた可能性は小さくない。となると、福本を抜き、イチローに次ぐ単独2位だったということになる。城島も同じ事情で、4年間の大リーグ生活がなければ、同賞を12回獲得し、捕手としては11回の伊東勤Oを抜き、単独トップとなっていた可能性がある。

野手部門上位19人に1人も顔を出していないAB型が、投手部門では、上位16人中4人進出しているのも印象的だ。特に西本、桑田の二人が、ともに8回で首位を分け合っているのが目立つ。

第5章　レギュラー争い――タフなO型

(1) 規定投球回と規定打席、出場記録

華やかなタイトル争いに参加するためには、その前提として、まず試合に出なければならない。プロ野球では試合に出続けるための争い、言い換えれば激しいレギュラー争いが日々続いている。レギュラーとしての一つの証が、先発投手であれば規定投球回、打者であれば規定打席への到達であろう。

近年では、投手の分業化が進み、「所属チームの年間試合数と同数のイニング以上」という規定に到達できる投手は、激減している。60年代には、両リーグそれぞれに20人以上いたのに、2018年には遂にセ8人、パ9人と、初めて両リーグとも1けたの到達者しか出さなかった。翌19年以降も、10人以上はセが、2022、2023年、パが2021年のみである。

こうしたことにも注意しつつ、2つの規定への到達状況を見ていこう。なお、付録に血液型が判明している限りで、1度でもどちらかの規定に達した全選手のリストを規定回数別に

掲げている。投手に関しては、近年その比重を高めてきている救援投手たちについても、一度も規定投球回に達していないが、2023年までの通算セーブ100位以内、通算ホールド100位以内のどちらかに該当する選手たちのリストを別に掲げている。

	O型	A型	B型	AB型
規定投球回投手　2030（人）	733（36・1%）	715（35・2%）	353（17・3%）	230（11・3%）
規定打席打者　3398	1218（35・8%）	1136（33・4%）	779（22・9%）	265（7・8%）
一流救援投手（規定未到達）101	27（26・7%）	40（39・6%）	25（24・8%）	9（8・9%）

規定投球回投手は、χ自乗値47・61、P〈0・1%、規定打席打者は、χ自乗値106・35、P〈0・1%であり、ともに日本人平均から大きくずれている。O型、A型は、どちらの規定についても、O型は伸び、A型は落ち込むという傾向は変わらないが、B型、AB型は、投打で逆の傾向を示す。すなわち、B型は、投手で落ち込み、打者で伸びる。AB型はその反対である。これが現在までの日本プロ野球のレギュラー・クラスの状況である。4つの型いずれも、タイトル獲得者の分布率と似た状況となっている。

ちなみに、規定投球回到達12回以上の投手と、規定打席到達15回以上の野手の、それぞれの血液型分布率は以下のようになる。

	O型	A型	B型	AB型
規定投球回12回以上投手25人	10（40％）	5（20％）	5（20％）	5（20％）
規定打席15回以上野手25人	13（52％）	3（12％）	8（32％）	1（4％）

規定投球回について特記しておくべきは、80年代（80—89年）のパ・リーグである。この間、パでは、のべ212人の規定投球回到達者の血液型分布率は、以下のような異様なものであった。

	O型	A型	B型	AB型	χ自乗値、危険率
80年代パ　212人	111（52・4％）	54（25・5％）	19（9％）	28（13・2％）	61・61、P〈0・1％

タイトル獲得者の分布率より、ずっとχ自乗値が大きい。セ・パともに、O型の規定投球回到達者の割合が、日本人平均に達するのは、70年代に入ってからで、80年代のパはこの分野でのO型の躍進の頂点であった。筆者は、この時のO型の躍進は、先発投手のローテーションがゆったりしたものになってきたことと関わると見ている。それ以前のエース酷使時代には、50年代まではB型が、60年代に入るとA型が、平均を大きく超えていた。O型投手は平均して、連投を嫌う。O型には「大投手」と呼ばれる選手は数多いが、「鉄腕」と呼ばれた先発投手は思い当たらない。後に見るように、O型野手の連続試合出場、シーズン全試

合出場が目立つのと、面白い対照である。それどころか、衣笠祥雄、金本知憲、和田一浩、源田壮亮など、O型野手は、しばしば骨折しても試合に出る。

レギュラー争いをする選手たちにとり、理想的には、体力その他、状況が許せば、1試合もライバルには奪われたくないことであろう。そうした思いには、血液型で多少の違いがあるのだろうか。そこで、規定打席到達4回以上の選手351人を、全試合出場年が、0、1、2〜4、5〜回の場合に分けてみた。

		O型	A型	B型	AB型
全試合出場年0	113	34（30・1%）	45（39・8%）	22（19・5%）	12（10・6%）
同1	84	29（34・5%）	31（36・9%）	20（23・8%）	4（4・8%）
同2〜4	116	51（44・0%）	35（30・2%）	21（18・1%）	9（7・8%）
同5〜	38	12（31・6%）	7（18・4%）	16（42・1%）	3（7・9%）
総計	351	126（35・9%）	118（33・6%）	79（22・5%）	28（8・0%）

最も日本人平均に近いのが、全試合出場年0の場合であるのは興味深い。全試合出場年1回だけの場合までは、平均からのずれは、さほど目立たない。しかし、2〜4回、5回以上となると、大きくくずれてくる。

A型に注目していただきたい。0→1→2〜4→5〜と全試合出場年が増えるに従って、

A型はきれいに比率を下げている。O型は反対に2〜4回までは比率を高めていくが、5回以上になると、日本人平均をちょっと超えただけとなる。もっとも5回以上はなかなか大変らしく、該当者は38人しかいない。そのことには注意する必要がある。B型も全体的に、回数が増えれば比率を高めるが、特に5回以上で4割を超えるのがやはり目立つ。

ちなみに総計は、規定打席4回以上の全選手の分布率で、やはり、打に強いO型とB型が伸び、A型とAB型は減っている。χ自乗値も10・18で、危険率は2%以下。その分布率が高い確率で偶然のものではないことを示している。2〜4回の場合、5回以上の場合についても、それぞれ危険率2%以下、0・5%以下で、有意と出る。

試合に出続ける選手たちを具体的に見ていこう。★は現役。

8回までの上位11人は、O型

全試合出場年度数ランキング

1位	17	衣笠祥雄	O
2位	13	鳥谷敬	B
3位	12	松井秀喜	O
		金本知憲	O
5位	11	王貞治	O
6位	9	浅村栄斗	O★
		広澤克実	B
		イチロー	B
9位	8	松井稼頭央	O
		山本浩二	B
		福本豊	B
12位	7	大杉勝男	O
		秋山幸二	O
		田中幸雄	O
		鈴木大地	O★
		松田宣浩	B
		坂本勇人	AB★
		丸佳浩	AB★
19位	6	O型：2名	
		A型：5名	
		B型：5名	
		AB型：1名	

6人、B型5人である。上位18人まで見て、やっとAB型が2人出てくる。A型は全試合出場年は6回が最高で、AB型にも負けている。首位衣笠の突出ぶりはやはり目につく。ちなみに衣笠は現役最終年も全試合に出場した。

似たようなタフネス記録だが、連続試合出場上位者はどういう顔ぶれだろうか。

全試合出場年回数の場合、現役期間トータルの記録なので、途中、全試合出てはいないシーズンが入ってもいいわけだが、連続試合出場は、それとは異なり、正に出続ける記録である。全試合出場年では、上位18人に1人も入らなかったA型が、ここでは同じ18人までに4人入っている。しかし、ここでもO型、B型がやはり強い。

連続試合出場ランキング

1位	衣笠祥雄	2215	O
2位	鳥谷敬	1939	B
3位	松井秀喜	1768	O
4位	金本知憲	1766	O
5位	松井稼頭央	1213	O
6位	広澤克実	1180	B
7位	浅村栄斗	1163	O★
8位	藤村富美男	1014	O
9位	石嶺和彦	894	A
10位	大杉勝男	890	O
11位	山本浩二	872	B
12位	秋山幸二	833	O
13位	秋山翔吾	825	A★
14位	徳武定之	821	B
15位	松田宣浩	815	B
16位	江藤慎一	809	A
17位	山崎隆造	803	A
18位	イチロー	763	B
19位	駒田徳広	739	O
20位	坂本勇人	720+	AB★
21位	丸佳浩	700	AB★

古葉監督Ｏ指揮下の広島黄金時代の不動の４番だった山本浩二Ｂは、ＮＨＫＢＳ「レジェンドの目撃者」の山本の回で、同僚でライバルだった衣笠が、骨折してさえ出続ける姿を見て、自分も少々のことでは休めないと思ったと述懐している。鉄人衣笠の連続試合出場の大記録は、広島の真の４番の誕生にも一役買っていたのである。

坂本勇人については、７２０試合まで連続しているのはわかっているが、最終的にどこまで記録を伸ばしたのか、確認できなかった。いずれにしてもＡＢ型中の1位であることは間違いない。

では、生涯出場試合数上位者だとどうなるか。（次頁）

やはりＯ型とＢ型の天下で、上位20人中、Ｏ型９人、Ｂ型８人で、Ａ型が何とか３人送り出している。中でも谷繁の記録は、１９８０年以来、長く君臨していたＢ型野村の国内記録を２０１５年に35年ぶりに塗り替えたもので、野村もそうだが、激務の捕手であることを考えると、その価値はより高い。国内記録だけだと、現在も谷繁が1位である。しかし、本書では、日米合算の記録で考えてきている。合算では、首位はまたしてもイチロー。２位谷繁を６００試合近く上回り、ここでも突出している。ちなみに、谷繁が国内記録を塗り替えた２０１５年までに、イチローは３３０８試合出場していたので、日米合算で、谷繁が首位でいた瞬間はない。

生涯出場試合数ランキング（野手）

1位	イチロー	3604	B
2位	谷繁元信	3021	A
3位	野村克也	3017	B
4位	王貞治	2831	O
5位	張本勲	2752	O
6位	衣笠祥雄	2677	O
7位	大島康徳	2638	O
8位	立浪和義	2586	A
9位	金本知憲	2578	O
10位	門田博光	2571	B
11位	松井稼頭央	2543	O
12位	松井秀喜	2504	O
13位	土井正博	2449	O
14位	石井琢朗	2413	B
15位	青木宣親	2411	A★
16位	福本豊	2401	B
17位	新井貴浩	2383	B
18位	伊東勤	2379	O
19位	清原和博	2338	B
20位	山本浩二	2284	B

投手登板試合数ランキング

1位	岩瀬仁紀	1002	AB
2位	米田哲也	949	AB
3位	金田正一	944	B
4位	五十嵐亮太	906	A
5位	梶本隆夫	867	B
6位	小山正明	856	A
7位	宮西尚生	839	O★
8位	江夏豊	829	A
9位	岡島秀樹	815	O
10位	藤川球児	811	O
11位	皆川睦雄	759	A
12位	稲尾和久	756	B
13位	鹿取義隆	755	AB
14位	上原浩治	748	B
15位	斎藤隆	741	O
16位	大野豊	707	B
17位	石井茂雄	705	O
18位	鈴木啓示	703	O
	益田直也	703	B★
20位	山本和行	700	B

次に投手の登板試合数ランキングをご紹介しよう。

（★は現役）

先発投手登板数ランキング

1位	米田哲也	949	AB
2位	金田正一	944	B
3位	梶本隆夫	867	B
4位	小山正明	856	A
5位	江夏豊	829	A
6位	皆川睦雄	759	A
7位	稲尾和久	756	B
8位	上原浩治	748	B
9位	大野豊	707	B
10位	石井茂雄	705	O
11位	鈴木啓示	703	O

打者部門では、レギュラー争い、タフネス記録でやはり見劣りがしたＡＢ型だが、投手部門となると様相は一変する。１位、２位をＡＢ型が独占しているのは印象的だ。１位岩瀬は、１度も規定投球回に達したことのない紛れもない救援投手、２位米田は先発投手で、先発、救援両部門で、ＡＢ型がトップに立っているわけである。

先発と救援では、どうしても救援投手の登板数が多くなる。そこで、先発投手だけのランキングを作ってみると、こうなる。江夏、上原、大野の３人は、救援投手としてのキャリアも長いが、入れておいた。

（２）ベストナイン

レギュラー争いに成功した選手たちを待っている比較的、手近な賞は、ベストナインである。ベストナインは投手を含む全ポジションから、各リーグ１人ずつを選出するもので、打撃と守備の双方を総合的に評価して与えられることになっている。ゴールデン・グラブ賞も全ポジションから、各リーグ１人ずつを選出するという仕組みは同じだが、こちらは「守備のベストナイン」とも呼ばれるように、守備力だけを評価して選出がなされる。

ベストナインに選出された全選手の血液型別分布状況と、投手、野手に分けたそれぞれの分布状況を以下に示す。

	O型	A型	B型	AB型	χ自乗値、危険率
ベスト・ナイン（1120）	432（38・6％）	321（28・7％）	276（24・6％）	91（8・1％）	79・44、P〈0・1％
同投手（120）	42（35％）	34（28・3％）	23（19・2％）	21（17・5％）	11・87、P〈1％
同野手（1000）	390（39％）	287（28・7％）	253（25・3％）	70（7％）	81・97、P〈0・1％

A型は、投手、野手、ほぼ同じ比率に落ち込んでいる。O型はその逆だが、若干、野手の比率が高い。B型とAB型が逆の傾向をたどるのは、これまでに見てきたプロ野球関係の種々の分野別データと同じである。総じて、これまでの日本のプロ野球では、O型とA型、B型とAB型が、真逆の傾向を示している。投手部門のAB型の17・5％はやはり目立つ。

ベストナイン選出回数上位者は次のとおり。野手、投手に分ける。★は現役。

ベストナイン選出回数（野手）

1位	19	野村克也	B
2位	18	王貞治	O
3位	17	長嶋茂雄	B
4位	16	張本勲	O
5位	10	落合博満	O
		伊東勤	O
		川上哲治	A
		山内一弘	A
		有藤道世	A
		福本豊	B
		山本浩二	B
12位	9	吉田義男	O
		榎本喜八	O
		阿部慎之助	A
		若松勉	B
		古田敦也	B
17位	8	大下弘	O
		森祇晶	O
		秋山幸二	O
		松井秀喜	O
		浅村栄斗	O★
		石毛宏典	B
		柳田悠岐	AB★

ベストナイン選出回数（投手）

1位	6	別所毅彦	AB
2位	5	山田久志	O
		稲尾和久	B
		斎藤雅樹	AB
5位	4	菅野智之	A★
6位	3	鈴木啓示	O
		工藤公康	O
		松坂大輔	O
		村山実	A
		前田健太	A★
		金田正一	B
13位	2	山本由伸	AB★

O型‥9名
A型‥3名
B型‥2名
AB型‥1名

野手部門では、打撃各タイトル常連のO型二人、B型二人が突出している。8回で17位タイにAB型でただ一人食い込んだ柳田は、どこまで記録を伸ばすだろうか。投手部門では、巨人第2期黄金時代の大黒柱別所ABが、並居る大投手たちを抑えて首位となっている。

名遊撃手、名三塁手として鳴らした宮本慎也Oは、ゴールデン・グラブ賞は10回受賞しているが、ベストナインは三塁手として1回だけ。堅実な打撃で2000本安打も達成した選手だが、石井琢朗との対談（YouTube「野球いっかん！」）で、「ベストナインは、（打撃、守備の…筆者）総合的な評価だから、もっと欲しかった」と語っている。宮本は、それほど破壊力のある打者ではなかった。

第6章　プロ野球の諸相

（1）MVP

MVP（最優秀選手）は、毎年、セ・パ一人ずつ、「そのシーズンで最も活躍した選手」に与えられる賞である。優勝チームから優勝への貢献度ナンバーワンの選手に与えられることが多いが、他のチームに際立った成績・話題を残した選手がいる場合、そちらが受賞者になることもある。いずれにしても、プロ野球界で最も名誉ある賞と言えるだろう。MVPは投手・野手全体の中から選ばれる点が、第5章までに見てきた様々な賞とは違うところである。

MVP（138）	
O型	48（34・8%）
A型	30（21・7%）
B型	40（29・0%）
AB型	20（14・5%）
χ自乗値、危険率	20・91、P〈0・1%

O型もやはり伸びているが（1・16倍）、B型、AB型の伸びの方が目覚ましい。伸び率は同じく1・45倍である。B型は打で、AB型は投でMVPになることが多い。危険率0・

1％以下で文句なく有意である。状況をより詳しく見るために、MVP獲得回数上位者を見てみよう。

王の9回は突出している。それにB型3人が続いている。その中には、王とともに「ON」と並び称された長嶋茂雄も入っている。

王と長嶋のMVP争いは、途中までは全くの互角だった。次のように推移した。NNOONONOON。その後、OOと続き、2差がついたところで、長嶋は引退し、Oはさらに2回を加え、9回に到達した。1961年の長嶋の最初の受賞から1977年の王の9回目の受賞までの17年間、ON以外のセの受賞者は、62年の村山実A、

MVP獲得回数ランキング

1位	9	王貞治	O
2位	5	野村克也	B
		長嶋茂雄	B
4位	4	イチロー	B
5位	3	山田久志	O
		松井秀喜	O
		川上哲治	A
		大谷翔平	B★
		鶴岡一人	AB
		山本由伸	AB★
11位	2	落合博満	O
		東尾修	O
		工藤公康	O
		村上宗隆	O★
		江夏豊	A
		小笠原道大	A
		ダルビッシュ有	A★
		菅野智之	A★
		稲尾和久	B
		藤田元司	B
		山本浩二	B
		古田敦也	B
		松中信彦	B
		別所毅彦	AB
		柳田悠岐	AB★
		丸佳浩	AB★

72年の堀内恒夫O、75年の山本浩二Bの3人だけである。ONの二人だけでこの間の14／17、82・4％。ONが「プロ野球史上最高のコンビ」と呼ばれるのも当然であろう。

そのOもNも成しえなかったMVPにまつわる記録がある。MVPの3年連続受賞である。これを3人の選手が記録している。第1号は1976—1978年の山田久志O(阪急)。当時、阪急は75—78年とパ4連覇、75—77年と日本シリーズ3連覇の最中だった。第2号は94—96年のイチローB（オリックス）。94年は、史上初めて年間200安打を超え（210安打）、日本のシーズン最多安打記録を44年ぶりに塗り替えた年、続く2年は、オリックスのパ2連覇の年であった（イチローは大リーグ1年目の2001年にも、MVPを受賞し、合計4回としている）。第3号は、2021—2023年の山本由伸AB（オリックス）。オリックスのパ3連覇と連動している。言うまでもなく、阪急はオリックスの前身球団である。MVP3年連続受賞の金字塔を打ち立てた3人は、皆、言わば1つの球団から出たわけである。阪急—オリックスが強豪チームであった時期が長いということはあるが、それにしても珍しい巡り合わせと言えよう。

気の毒なのは、86年の落合博満Oと、99年の上原浩治Bである。落合はその年、ロッテで日本プロ野球史上初の3度目の三冠王を達成したが、MVPは優勝した西武の石毛宏典Bに持っていかれた。上原はデビューのこの年、最優秀防御率、最多勝、最多奪三振（ちなみに勝率も1位で、投手部門四冠）、沢村賞、新人王を総なめにしたが、優勝した中日の野口茂樹投手Aに、MVPだけは持っていかれた。石毛も野口も文句なしの活躍で優勝に大いに貢献したのだから、MVPには十分値したが、落合、上原の当該年のそれぞれの成績は、破格だったのである。

（2）新人王――飛び出すA型

新人王は新人の年だけしか獲得できない特殊な賞で、セ・パ一人ずつ、全新人投手・野手の中から選出される。「新人の年だけの、新人の枠の中だけでの、ミニMVP」と言ってもいい。新人の年、抜群の活躍をし、新人王と一緒に本物のMVPもさらってしまう選手もいる。80年木田勇AB、90年野茂英雄B、2023年村上頌樹A。奇しくも3人とも投手である。新人王の血液型別分布率を見ると、これまでにご紹介してきた様々なタイトルや賞とは、様子が違っている。

	O型	A型	B型	AB型
新人王（132）	38（28・8％）	58（43・9％）	27（20・5％）	9（6・8％）

ご覧の通り、Ｏ型がわずかだが日本人平均を割り込み、反対にいつも元気のないＡ型が平均を超えている。しかし、どちらの減り方も増え方も小幅であり、全体の分布は日本人平均と割と近い。新人のシーズンを過ぎ、キャリアを重ねていけば、Ｏ型は貪欲にタイトルや記録を積み上げていくのに、Ａ型はその反対傾向に陥る。新人王の分布率は各種タイトル獲得者の分布率の真逆に近いのである。

実はその傾向は25年前はもっと甚だしかった。筆者は99年に、個人的興味から、98年シーズンまでのプロ野球の各種タイトルの血液型別分布状況を調べたことがある。その時の新人王の分布率はこうだった。

	Ｏ型	Ａ型	Ｂ型	ＡＢ型
新人王・98年まで（79）	17（21・５％）	40（50・６％）	16（20・３％）	６（７・６％）

Ｏ型は現在までのトータルの場合より、さらに劣勢で、Ａ型は反対にさらに優勢だった。

99―２０２３年の25年間だけを見ると、

	O型	A型	B型	AB型
新人王・99年以降（49）	20（40・8%）	18（36・7%）	8（16・3%）	3（6・1%）

O型はむしろ日本人平均を超える分布率を示し、A型は平均を少し割り込んでいる。98年までは「新人王と言えばA型」という状況だったのが、そうではなくなりかかっている。

新人王について、もう一つ注目すべき現象は、新人王獲得者が、その後の野球人生で、必ずしも目覚ましい活躍を残してはいないということである。

現在、名球会という組織ができて、打者なら2000安打以上、投手なら200勝以上、ないし250セーブ以上を会員資格とする。名球会の在り方には批判もないわけではないが、一流の野球人としての一つの目安にはなっていよう。血液型の判明している新人王獲得者全132（野茂が日米で獲得しているので、実人数は131）人のうち、名球会会員になった、あるいは入会資格を持つ者は次のとおりである。

〈新人王獲得者で、後に名球会会員になった選手〉

O型：榎本喜八、張本勲、堀内恒夫

A型：有藤道世、立浪和義、青木宣親

B型：稲尾和久、長嶋茂雄、谷沢健一、清原和博、野茂英雄、上原浩治

全131人中、12人しか該当しない。しかし、その12人の顔ぶれは、そうそうたるものである。

プロ野球も時代によって変化する。血液型ごとのタイトル獲得状況も、新人王にとどまらず、実は時代とともに変化してきた。次節では、この問題について考えていく。

（3）プロ野球も時代で変わる

興味深いのは、本格的な各種タイトルの分布率が、98年までと99年以降とで、新人王とは逆の変化を示していることである。つまり、O型は99年以降、打点王を除いて分布率を減らし、A型は全て増やしている。左記のようである。

	最優秀防御率	最多勝	最多奪三振	首位打者	ホームラン王	打点王
O型98年まで	33・7%	34%	38・9%	41・3%	47・7%	46・5%
O型99年以降	26・5%	28・6%	30%	13・0%	46・9%	59・4%
A型98年まで	28・9%	28%	26・3%	29・3%	12・5%	17・4%
A型99年以降	40・8%	40・4%	48%	39・1%	28・1%	25%

近年のA型の躍進には目を見張るが、それでもよく見ると、最多奪三振を除けば、ほぼ日本人平均か、ホームラン王、打点王のようにまだまだ落ち込みが大きい。A型は投手部門で特に伸びたが、ダルビッシュ有、田中将大、菅野智之、前田健太、則本昂大、涌井秀章（最近、AB型であるとの情報も出てきたが、一応A型としておく）など、A型投手躍進の中心だった選手たちがそろってベテランとなり、そろそろピークを打った感もある。全体的に退潮ぎみのO型だが、打点王のこの伸びはどういうことだろうか。

98年までと99年以降とでは、B型とAB型も違った分布率を示している。これも表にしておこう。

	最優秀防御率	最多勝	最多奪三振	首位打者	ホームラン王	打点王
B型 98年まで	24・1%	17%	26・3%	28・3%	36・4%	32・6%
B型 99年以降	18・4%	17・5%	10%	32・6%	18・8%	15・6%
AB型 98年まで	13・3%	21%	8・4%	1・1%	3・4%	3・5%
AB型 99年以降	14・3%	14%	12%	15・2%	6・3%	0%

B型がホームラン王、打点王という豪打部門で大きく落ち込んでいるが、このことの原因

の一つは大谷翔平ではないかと思う。大谷はご存じのとおり、投打二刀流の選手である。そのため、打者に専念できず、日本でのデビュー以来、大リーグ３年目の２０２０年まで、規定打席に達することさえなかった。しかし、大谷が２０２３年に、ア・リーグのホームラン王になったことで明らかなように、大谷には際立った豪打者の資質がある。Ｂ型グループは、大谷という豪打者をちゃんと世に送り出したのに、大谷の選手としての特殊性のため、これまで豪打者部門で目につく結果が残りにくかったのである。

反対に99年以降のＢ型の投手部門での全般的退潮にも、大谷の特殊性が多少関係していよう。大谷が投手に専念していたら、これまでどれほどの成績を残し、どれほどのタイトルを取っていたかわからない。Ｂ型グループはちゃんと、大谷という大投手の素材を世に送り出したのだが、こちらも結果が残りにくかったのである。

ともかく、近年存在感の薄れかけていたＢ型選手だが、２０２３年の日本シリーズは、その点で面白かった。セ・パともに、出場チームに目立ってＢ型主力選手が多かったのである。どちらも、この年、Ｂ型勢力がリーグ随一であった。

阪神：(投手) 青柳晃洋、岩崎優、西勇輝、(野手) 佐藤輝明、近本光司

オリックス：(投手) 阿部翔太、山崎福也、山崎颯一郎、山下舜平大、(野手) 紅林弘太郎、

杉本裕太郎、中川圭太、宗佑磨（ちなみに、2022年までは、B型野手に、さらに吉田正尚が入っていた）

AB型は、98年までの最多勝21％が、99年以降、14％まで下降した。14％でももちろん、平均を超えているのだが、この下降は、99年以降のA型投手の躍進のあおりを食らった格好である。

最多勝部門でのAB型の黄金時代は、80年代末から90年代末までで、特にセ・リーグでは、89－99年、のべ15人の最多勝のうち、9人がAB型投手だった（斎藤雅樹5、山本昌3、西本聖1）。

打撃部門で全般的に活気に乏しいAB型も、99年以降は、首位打者をよく取っている。それまでの1・1％から一気に15・2％へとジャンプアップだ。それも全て2009年以降で、パで、鉄平、長谷川勇也、柳田悠岐2回、松本剛、頓宮裕真の計6回、セで坂本勇人の1回となっている。パにAB型首位打者が多く出ている理由は謎である。

（4）トリプルスリー

打者にとり、主要3部門の各タイトルに引けを取らない勲章が、トリプルスリー、即ち、

1シーズンでの打率3割、ホームラン30本、盗塁30の同時達成だろう。大リーグでは、「トリプルスリー」という概念はないので、話題にならないが、日本では、打撃の確実性、長打力、走力を兼ね備えて初めて達成できるこの記録は、古くから、注目されてきている。

日本球界でのこれまでのトリプルスリー達成者は10人で、のべ12回しか達成されていない。ちなみに、三冠王も日本では8人で12回しか達成されていない(うち2人、3回は外国人選手)。トリプルスリーの希少性がわかるだろう。その顔ぶれと記録の詳細は、以下のとおりである。★は現役選手。

血液型判明分11回では、O型8、B型2、AB型1。圧倒的にO型で、中でも山田はただ一

トリプルスリー達成者	打率	本塁打	盗塁
岩本義之（1950）?	0・319	39	34
別当　薫（1950）O	0・335	43	34
中西　太（1953）B	0・314	36	36
蓑田浩二（1983）O	0・312	32	35
秋山幸二（1989）O	0・301	31	31
野村謙二郎（1995）B	0・315	32	30
金本知憲（2000）O	0・315	30	30
松井稼頭央（2002）O	0・332	36	33
柳田悠岐（2015）AB★	0・363	34	32
山田哲人（2015）O★	0・329	38	34
山田哲人（2016）O★	0・304	38	30
山田哲人（2018）O★	0・315	34	33

人、3回も達成している。落合の三冠王3回に匹敵する希少な業績と言っていいであろう。

前節で見たように、時代による変動は少なからずあるものの、O型は、現在までトータルで見て、プロ野球のどの分野でも、日本人平均を上回った活躍をしている。そうしたオールマイティぶりと、トリプルスリー部門でのO型の強さには、関係があるのかもしれない。

今のところ、A型にトリプルスリーは誕生していない（岩本義之がA型でなければだが）。惜しかったのは、小鶴誠と小笠原道大である。小鶴は1950年に0・355、51本塁打、28盗塁。それから50年たった2000年、小笠原は0・329、31本ながら、24盗塁だった。ちなみに小笠原の2けた盗塁は、この年だけだった。

参考に三冠王達成者を掲げておく。詳しい記録は省く。

O型：中島治康、王貞治2回、落合博満3回、村上宗隆
B型：野村克也、松中信彦
外国人：ブーマー、バース2回

A型で惜しくも三冠王を逃したのは、
(1) 1950年の小鶴誠。ホームラン王、打点王の二冠で、打率は0・355で、首位打

者藤村富美男０・３６２に次ぐ2位。この年、小鶴は、三冠王＝トリプルスリーという夢の記録に肉薄していた。

(2)　１９７９年の加藤秀（英）司（阪急）。首位打者、打点王となり、ホームラン35本はホームラン王マニエルと２本差の２位タイ。

(3)　２０１２年の阿部慎之助。加藤同様、首位打者、打点王だが、ホームラン27本で、ホームラン王バレンティンの31本まで４本差の２位。

加藤が一番惜しかった。ＡＢ型には打撃三冠はまだいない。当然、「惜しくも三冠王を逃した」ケースはまだない。

ちなみに、長く「ミスタープロ野球」と呼ばれ親しまれた長嶋茂雄Ｂにも、三冠王のチャンスがあった。１９６３年のことである。この年、長嶋は首位打者、打点王の二冠で、ホームランはタイトルを取った王貞治Ｏの40本に３本差の37本で、２位だった。この年のセのホームラン３位は、中日マーシャルの28本。王と長嶋だけが突出していた。

（５）スイッチヒッター――挑戦するＡ型

トリプルスリーでは音無しだったＡ型だが、スイッチヒッターには多くの選手を輩出している。本命と言ってもいい。スイッチ第１号も63年には本格的にスイッチヒッターとなって

主なスイッチヒッター（★は現役）

選手名	血液型	安打	得点	本塁打	打点	盗塁	三振	四死球	打率
松井稼頭央	O	2705	1395	233	1048	465	1623	798	0・285
柴田勲	A	2018	1223	194	708	579	1087	954	0・267
松永浩美	AB	1904	1059	203	855	239	1046	933	0・293
高橋慶彦	O	1826	1003	163	604	477	849	529	0・280
金城龍彦	A	1648	663	104	592	40	737	498	0・278
平野謙	A	1551	712	53	479	230	759	368	0・273
正田耕三	A	1546	682	44	391	146	528	490	0・287
山崎隆造	A	1404	683	88	477	228	722	556	0・284
西村徳文	A	1298	691	33	326	363	471	446	0・272
西岡剛	A	1241	641	61	403	198	651	477	0・284
屋鋪要	O	1146	575	58	375	327	804	351	0・269
大島公一	O	1088	588	24	334	71	588	659	0・261
木村拓也	A	1049	495	53	280	103	752	318	0・262
白井一幸	A	889	466	49	334	168	541	475	0・246
金子侑司	B★	702	384	19	215	222	542	266	0・242

いた柴田勲Aである。スイッチヒッターは右投手、左投手どちらにも対応しやすいように、人為的に左右両打にした選手である。

主なスイッチヒッターの成績と、獲得タイトルをここに示す。選手たちは、便宜的に通算安打順に並べている。

スイッチヒッターの通算安打数上位15人は、O型4、A型9、B型1、AB型1となっている。松井稼頭央が安打数、得点、本塁打、打点でトップに立っている。盗塁数も3位（盗塁王3回）。MVPも1度取っている。トリプルスリーも1度達成。現在までのところ、最も成功したスイッチは、松井と言っていいだろう。スイッチで2000安打以上打ったのは、現在までスイッチ第1号の柴田と松井の二人だけである。

松永浩美ABは、通算打率0・293でトップ、本塁打、打点とも、松井に次ぐ2位だが、1904安打と2000まであと一息だった。この3人に高橋慶彦Oを

スイッチヒッター・タイトル

MVP	松井稼頭央1	O
新人王	金城龍彦	A
	田中和基	A★
首位打者	正田耕三2	A
	西村徳文1	A
	金城龍彦1	A
	西岡剛1	A
盗塁王	柴田勲6	A
	西村徳文4	A
	高橋慶彦3	O
	松井稼頭央3	O
	屋鋪要3	O
	西岡剛2	A
	金子侑司2	B★
	正田耕三1	A
	平野謙1	A
	松永浩美1	AB
最多安打	松井稼頭央2	O
	高橋慶彦	O
	西岡剛1	A
最高出塁率	白井一幸1	A
	松永浩美1	AB

加えた4人が、スイッチヒッターを象徴する選手たちと言ってよかろう。しかし、それよりちょっと下のクラスとなると、ほぼA型が独占している。

日本のスイッチヒッターたちはこれまで4人、のべ5回、首位打者を出しているが、それが全てA型であることには注目すべきだろう。また、スイッチの盗塁王は現在まで26人誕生しているが、そのうちの14人、53・8％はA型である。ここには15人の代表的スイッチヒッターを掲げたが、日本にはこれ以外にも多くのスイッチヒッターがいることも申し添えておく。（なお、高橋加慶彦を最多安打1としたが当時、連盟表彰はなかった）

当時の古葉竹識監督Oの方針の下、広島では意識的にスイッチヒッターを養成した。その結果、一番正田耕三、二番山崎隆造、三番高橋慶彦と3人のスイッチがずらりと並んだ打線になることもあったと言う（YouTubeでの高橋の発言）。タイトル獲得状況を見ても、スイッチは、走力のある選手がさらにそれを活かす（左打ちは、打った姿勢のまま走塁に移れるため、右打ちに比べ、一塁に早く到達しやすい）ためのものでもあった。3人の韋駄天スイッチの並んだ当時の広島打線は、厄介だったことだろう。

第4章冒頭でも述べたように、一般に、投手と打者の対戦では、球種、コース、間合い、組み立てなど、様々な選択肢から選び、組み合わせて打者を攻め、主導権を握っているのは投手である。打者は投手の出方を読んで何とか対応しようとするくらいで、その選択肢は投手に比べ、限られている。バントはその一つだ。スイッチヒッターは、そんな打者が、意識的に投手に対する攻め方の選択肢（右で打つか・左で打つか）を増やしたケースである点で、注目される。それに多くのA型が挑んで成功しているのも興味深い。
スイッチは、考えようでは、一種の特殊な「打法」、変則打法とも言える。その変則打法の達人にA型が多いと言うと、思い当たるのは、それこそ本物の変則打法の打者に、妙にA型が目につくということである。

近藤和彦の天秤打法
梨田昌孝のこんにゃく打法
種田仁のがにまた打法
八重樫幸雄の八重樫打法
杉山光平の「円月殺法」

今は、パソコンなどで、簡単にプロ野球関係の様々な動画を観ることのできる便利な時代なので、関心のある方は、それぞれどんな打法か、ご自分の目でご確認いただきたい。特に最初の３つは、いずれも、まことにユニークである。「円月殺法」については、実は、筆者自身、まだ映像で確認できていないのだが、有名な変則打法として度々耳にするため、挙げておいた。

こうした数々の変則打法といい、スイッチヒッターといい、A型性の何と結びついているのだろうか？　開拓精神の表れとは言えよう。

もっとも、こうした数々の試みはあっても、A型が、打者部門で、O型、B型に比べ、全体としていま一つ地味なのは否めない。

（6）A型監督とB型スーパースター

筆者がプロ野球に関して、常々印象付けられていることの一つに、A型監督とB型のとびきりの大スターのコンビの多さがある。以下のような事例がある。

A型監督とB型スーパースターのコンビ

1. 苅田久徳監督―投打二刀流野口二郎
2. 三原脩監督―稲尾和久投手、中西太内野手
3. 川上哲治監督―長嶋茂雄三塁手
4. 仰木彬監督―野茂英雄投手

５．仰木彬監督―イチロー外野手
６．栗山英樹監督―投打二刀流大谷翔平

野茂、イチロー、大谷と日本人選手の大リーグ進出をリードしてきた３人がことごとくB型で、しかもその３人の育ての親がことごとくA型なのには驚かされる。

さかのぼって、野口二郎は、第1章でもご紹介した大谷以前最大の投打二刀流選手である。投手としては鉄腕で有名で、42年には、ノーヒットノーラン寸前まで行った試合の翌日、28回の大延長戦を３４４球投げ、一人で完投してのけたこともある。稲尾和久投手はシーズン42勝、58年日本シリーズ４連投４連勝などの数々の記録を持つ、黄金期西鉄の大エースで、野口に次ぐ二代目鉄腕投手。中西はその同僚で、黄金期西鉄の打の中心だった。

川上―長嶋コンビについては、他の５例とはちょっと事情が違う。長嶋のデビューは58年で、当時の巨人監督は水原茂（58年当時の登録名は、円裕）Ｏであった。川上が監督に就任する61年までに、長嶋はすでにプロ野球選手としての自己を確立していた。しかし、王貞治とのＯＮコンビを並び立たせ、長く活躍させた川上の手腕はやはり高く評価される。

仰木監督はもと黄金期西鉄のレギュラーの一人で、当時の監督三原脩の強い影響下にあった。栗山監督も三原監督への傾倒を常々公言している。Ａ型監督とB型スーパースターのコ

ンビが、「三原スクール」の監督たち（詳しくは第8章で論じる）の下で多く誕生していることに注目しなければならない。

A型は、選手としては、これまでのところ、投打守、いずれにおいても日本人平均に達しない成果しか残してきていないが、日本のプロ野球を動かしてきたプロデューサーという視点で見れば、極めて大きな足跡を残してきたと言える。A型監督たちによって育てられたB型スターたち、野口、稲尾、中西、長嶋、野茂、イチロー、大谷という顔ぶれを見れば、誰にも異論はあるまい。ちなみに、西武黄金期のチームリーダーだった石毛宏典Bも、廣岡達朗監督Aに鍛えなおされ、一流選手となった。

現時点で、こうしたコンビになるかもしれないと注目しているのは、阪神の岡田彰布監督Aと佐藤輝明内野手Bである。また、もし清原和博Bが最初についた監督が、O型森祇晶ではなく、A型廣岡達朗だったら、清原の球歴はどうなっていたのだろうと考えることがある。

逆のケースはあるのだろうか？　つまり、B型監督が育てたA型スターである。

藤田元司監督——原辰徳内野手ぐらいしか思い浮かばない。

しかし、B型野村克也監督の「再生工場」はそれの特殊形態と言えるかもしれない。周知のように、野村監督は一度行き詰った選手たちを、新たな視点で蘇らせる名手だった。同監督によって再び大活躍した選手たち（血液型判明者）は、以下のとおりである。

O型：山内新一投手
A型：江本孟紀投手、江夏豊投手、小早川毅彦内野手、山崎武司内野手
AB型：田畑一也投手、飯田哲也外野手

A型が目立つ。中でも、野村再生工場の最も目覚ましい成果は、「プロ野球に革命を起こしてみないか」という野村の有名な檄によって、一流先発投手から一流クローザーに転身した江夏と、野村に考える野球を学び、38歳でホームラン王、打点王の二冠を獲得し、その後も楽天の打の中心だった山崎であろう。二人ともA型である。

（7）黄金期チーム

第2章で、日本プロ野球の歴史を簡単に振り返ったが、そこでは、短期間に3回以上のシーズン優勝をあげたチームには、これを「黄金期」として必ず言及するようにした。第2章では触れなかったが、そうした17の黄金期チームの中心打者の顔ぶれを見ていると、ある傾向が浮かび上がってくる。まずは、次に用意した黄金期チームの中心打者の一覧表をご覧いただきたい。なお、ここでも外国人選手は外してある。

黄金期チームの中心打者

藤本巨人O（1936～1942） 川上哲治A、中島治康O、千葉茂O
水原巨人O（1950～1960） 千葉茂O、川上哲治A、与那嶺要O
三原西鉄A（1951～1959） 豊田泰光O、中西太B、大下弘O
鶴岡南海AB（最盛期1959～1964） 広瀬叔功A、野村克也B、杉山光平A
川上巨人A（1961～1974） 王貞治O、長嶋茂雄B、柴田勲A
西本阪急O（1963～1973） 加藤秀司A、長池徳二B、福本豊B
上田阪急O（1974～1978） 島谷金二AB、加藤秀司A、福本豊B
古葉広島O（1975～1985） 衣笠祥雄O、山本浩二B、高橋慶彦O（あるいは水谷実雄O）
廣岡西武A（1982～1985） 石毛宏典B、田淵幸一A、秋山幸二O
森西武O（1986～1994） 秋山幸二O、清原和博B、石毛宏典B
野村ヤクルトB（1990～1998） 古田敦也B、広澤克実B、池山隆寛AB
王ダイエー＝ソフトバンクO（最盛期1999～2008） 小久保裕紀AB、松中信彦B、城島健司A
落合中日O（2004～2011） 和田一浩O、福留孝介B、森野将彦AB
原巨人A（第二次2006～2015） 坂本勇人AB、阿部慎之助A、長野久義O
秋山・工藤ソフトバンクO（2009～2021） 内川聖一B、柳田悠岐AB、松田宣浩B
緒方広島A（2015～2019） 新井貴浩B、鈴木誠也A、丸佳浩AB
中嶋オリックスAB（2021～） 杉本裕太郎B、吉田正尚B、頓宮裕真AB

中心打者は各チーム3人ずつ選んだ。いくつか選択に迷うケースがあったが、ここでは一応、このメンバーで考えていく。いかがだろうか。

(1) まず「中心打者中の中心」をB型が占めるケースがやけに多い。列挙すると、三原西鉄（中西）、鶴岡南海（野村）、川上巨人（長嶋）、西本阪急（長池）、古葉広島（山本）、森西武（清原）、野村ヤクルト（広澤）、王ダイエー＝ソフトバンク（松中）、中嶋オリックス（吉田）。全17チームの半分、9チームに及ぶ。この9チームには、三原西鉄、川上巨人、森西武というとびきり強かったチームが含まれていることも注目される。

(2) O型を中心中の中心とするケースは意外に少ない。藤本巨人（中島）だけである。もっとも川上巨人の最強バッターは、実は長嶋ではなく、王だった。川上巨人から王を選べば、2例となる。

(3) A型を中心中の中心とするケースは、水原巨人（川上）、上田阪急（加藤）、廣岡西武（田淵）、第二次原巨人（阿部）、緒方広島（鈴木）と5チーム。けっこうある。

(4) AB型を中心中の中心とするケースは、秋山・工藤ソフトバンク（柳田）の1例。

(5) 落合中日は、中心選手の出入りが目立ち、中心中の中心を絞りにくい。

黄金期17チームの監督たちはO型9（秋山、工藤をそれぞれ数えると10）、A型5、B型1、AB型2。B型は監督として黄金期チームを作り上げるケースは少ないのに、なぜか、打の本当の中心としてチームを引っ張るケースが際立つ。

せっかく1チーム3人ずつ選出したのだから、のべ51人の全中心打者について、血液型別に集計してみよう。こうなった。

O型13（25・5％）A型11（21・6％）B型19（37・3％）AB型8（15・7％）

B型はやはり多い。打者に関することなのに、AB型がやけに健闘しているのが意外だ。O型は中心選手の一角には日本人平均近く、食い込んでいる。全51人では、A型はやはり落ち込む。

もちろんこの節での考察には、少なからず筆者の主観が入っていると思われるので、その点はおことわりしておきたい。

第７章　日本人大リーガー――猛威を振るうＢ型

日本人大リーガーも随分増えた。２０２３年まで、投手49人（マイケル中村を含む）、野手19人、それに二刀流大谷、計69人である。投手・野手別の血液型分布率は以下のようになる。血液型不明のマイケル中村を除き、大谷を投打それぞれに入れてある。投手・野手の総計も示す。ここでは大谷はもちろん、１回しかカウントされない。

	O型	A型	B型	ＡＢ型
投手49	19（38・8％）	15（30・6％）	10（20・4％）	5（10・2％）
野手20	8（40％）	7（35％）	5（25％）	0（0％）
総計68	27（39・7％）	22（32・4％）	14（20・6％）	5（7・4％）

野手にＡＢ型がまだ一人もいないことを除けば、各血液型、比較的満遍なく大リーグに進出していると言えそうだ。なお、２０２４年シーズンから、Ａ型今永昇太、上沢直之、松井裕樹、ＡＢ型山本由伸各投手が大リーグに挑戦する。この４人が、全員大リーグでプレーし

た場合、

総計72　O型27（37・5％）A型25（34・7％）B型14（19・4％）AB型6（8・3％）

となり、日本人平均にさらに近づく。

（1）投手

日本人の大リーグ進出は投手から始まった。そして先に見たように、その後も野手よりも投手の進出の方がずっと多い。倍以上である。まず、日本人メジャー投手のメジャーでの各種成績を見ていこう。（ここでは、日本のプロ野球での成績は除く。）★は現役。

日本人メジャー投手防御率ランキング（先発30勝以上）

1位	大谷翔平	3・01	B	★
2位	岩隈久志	3・42	AB	
3位	黒田博樹	3・45	B	
4位	ダルビッシュ有	3・59	A	★
5位	田中将大	3・74	A	★
6位	前田健太	3・92	A	★
7位	野茂英雄	4・24	B	
8位	大家友和	4・26	O	
9位	石井一久	4・44	O	
10位	松坂大輔	4・45	O	
11位	吉井理人	4・62	B	
12位	菊池雄星	4・71	O	★
13位	伊良部秀輝	5・15	A	

すでに大リーグで先発投手として30勝

以上した日本人が13人もいるのには、あらためて驚く。その13人の大リーグでの通算防御率を見ると、二刀流の大谷がトップに立っている。まだイニング数が比較的少なくはあるが、打者としても大活躍しながら、この位置にいるのはやはり凄い。野茂は大リーグでのキャリアの終盤、打ち込まれたために、通算防御率は思いのほか良くない。

日本人メジャー投手通算勝利数ランキング

1位	野茂英雄	123	B	
2位	ダルビッシュ有	103	A	★
3位	黒田博樹	79	B	
4位	田中将大	78	A	★
5位	前田健太	65	A	★
6位	岩隈久志	63	AB	
7位	松坂大輔	56	O	
8位	大家友和	51	O	
9位	長谷川滋利	45	A	
10位	石井一久	39	O	
11位	岡島秀樹	38	O	
	大谷翔平	38	B	★
13位	伊良部秀輝	34	A	
14位	菊池雄星	32	O	★
	吉井理人	32	B	

通算勝利数、この部門、大リーグ投手の頭数は多いO型は全体的に振るわない。松坂も大リーグ2年目までは、15勝、18勝と順調だったが、その後は6年間、10勝にも届かなかった。現役の菊池雄星ももうひと頑張りである。

日本人メジャー投手は、救援部門でも結果を残している。メジャーでの通算勝利を見ると、救援専門の長谷川滋利Aや、岡島秀樹Oも、それぞれ45勝、38勝している。勝利数ナンバーワ

日本人メジャー投手奪三振ランキング

1位	ダルビッシュ有	1929	A	★
2位	野茂英雄	1918	B	
3位	田中将大	991	A	★
4位	黒田博樹	986	B	
5位	前田健太	951	A	★
6位	岡島秀樹	760	O	
7位	松坂大輔	720	O	
8位	岩隈久志	714	AB	
9位	菊池雄星	631	O	★
10位	大谷翔平	608	B	★
11位	上原浩治	572	B	
12位	大家友和	559	O	

日本人メジャー投手セーブ数ランキング

1位	佐々木主浩	129	O
2位	上原浩治	95	B
3位	斎藤隆	84	O
4位	岡島秀樹	50	O
5位	大塚晶文	39	AB
6位	長谷川滋利	33	A
7位	高津臣吾	27	A
8位	伊良部秀輝	16	A
9位	高橋尚成	10	B

ンは、現在も「パイオニア」野茂。二人目の日本人メジャー100勝投手となったダルビッシュは、野茂を抜けるだろうか。O型1位は松坂の56勝。大家が肉迫している。大谷は、どこまで勝ち星を伸ばせるだろうか。

奪三振、この部門では、ダルビッシュと野茂が突出している。ダルビッシュは2023年シーズンに野茂を抜いたばかりである。大リーグ2000奪三振も視野に入る。野茂が2回、ダルビッシュが1回、大リーグ奪三振王にもなっている。O型では、岡島が松坂より奪三振数が多いのは意外である。

セーブ、この部門では、O型はただ一人100セーブ超えの佐々木を抱えるなど、面目を施している。上原は、ここの95セーブも加えて、日米通算でただ一人の100勝100セーブ100ホールド達成者となった。

(2) 打者

大リーグに進出した日本人打者は、二刀流の大谷を入れても、現在まで20人しかいないが、この日本人打者たちの成績も見ていこう。

安打数、この部門では、何といってもイチローである。2位松井秀喜の2倍を軽く超える3089安打。第2章でも指摘したが、実はこの数字、日本記録の張本勲Oの3085安打をも超えている。10位田口は、派手な活躍・話題はなかったが、こつこつと400安打近くまで頑張った。ちなみに、話題の多かった新庄剛志Aは215安打だった。

日本人メジャー打者安打数ランキング

1位	イチロー	3089	B
2位	松井秀喜	1253	O
3位	青木宣親	774	A★
4位	大谷翔平	681	B★
5位	松井稼頭央	615	O
6位	福留孝介	498	B
7位	井口資仁	494	O
8位	城島健司	431	A
9位	岩村明憲	413	O
10位	田口　壮	382	B

日本人メジャー打者ホームランランキング

1位	松井秀喜	175	O	
2位	大谷翔平	171	B	★
3位	イチロー	117	B	
4位	城島健司	48	A	
5位	井口資仁	44	O	
6位	福留孝介	42	B	
7位	鈴木誠也	34	A	★
8位	青木宣親	33	A	★
9位	松井稼頭央	32	O	
10位	新庄剛志	20	A	

日本人メジャー打者打点ランキング

1位	イチロー	780	B	
2位	松井秀喜	760	O	
3位	大谷翔平	437	B	★
4位	青木宣親	219	A	★
5位	松井稼頭央	211	O	
6位	井口資仁	205	O	
7位	城島健司	198	A	
8位	福留孝介	195	B	
9位	田口　壮	163	B	
10位	鈴木誠也	120	A	★
11位	岩村明憲	117	O	
12位	新庄剛志	100	A	

ホームラン、3位イチローまでが、100本以上。中でも松井秀喜、大谷翔平の二人が抜けている。ケガさえなければ、大谷が松井を抜く日も遠くあるまい。（付記参照）それどころか、大谷には、大リーグ500本塁打の可能性も見えている。

打点、19年も大リーグで頑張ったイチローが、なんと松井秀喜をおさえて、首位に立っている。1年平均41点以上は、衰えた選手生活終盤も含んでのものとしては、やはりよくやったと言えるだろう。イチローは基本的にポイントゲッターではなかったのだから。3位まで

日本人メジャー野手盗塁ランキング

1位	イチロー	509	B
2位	松井稼頭央	102	O
3位	青木宣親	98	A★
4位	大谷翔平	86	B★
5位	井口資仁	48	O
6位	田口壮	39	B
7位	岩村明憲	32	O
8位	福留孝介	29	B

来た大谷はまだ、イチロー、松井とはだいぶ離れているが、これもケガなどがなければ、４年内には二人を抜けるだろう。12位新庄がちょうど１００打点というのも、スタイリストのこの人らしくて、どこかおかしい。奇しくも、上位12人は、O型、A型、B型４人ずつである。

盗塁、またしてもイチロー。通算安打、通算打点に加え、通算盗塁数でも日本人メジャー首位。しかもぶっちぎりである。２位のほぼ５倍。大リーグ通算３けた盗塁は、２位松井稼頭央まで。おそらく、大谷が３人目となるだろう。（付記参照）

ここでちょっと変わった計算をしてみよう。松井秀喜Oの二通りの架空の生涯成績である。

松井は、日本で10年、アメリカで10年プレーし、日米通算で、２６４３安打、５０７本塁打、１６４９打点、59盗塁、１３９１四球、打率・２９３２の成績を残した。ここで、日米それぞれの成績を、どちらも２倍してみると、

	安打	本塁打	打点	盗塁	四球	打率
松井秀喜・日本の成績２倍	２７８０	６６４	１７７８	92	１６８８	・３０４
同　アメリカの成績２倍	２５０６	３５０	１５２０	26	１０９４	・２８２

となる。

右の日本の成績は、松井が日本よりレベルが上の大リーグに行かず、ずっと日本にいて20年プレーした場合の、一つのラフな予測値である。松井がこの成績を残した場合、日本では、こういうランクとなる。

安打数：イチロー、張本、野村、王に次ぐ5位
ホームラン：王に次ぐ2位
打点：王、野村に次ぐ3位
四球：王に次ぐ2位

松井の評価はかなり異なったものとなるだろう。現在の時点で、日本人選手と大リーグの関わりを考える際、一つの指標となるのではないか。

左のアメリカの場合でも、松井は2500安打、350本塁打、1500打点を達成することになる。松井の大リーグ成績は、イチロー、大谷などの陰に隠れて、若干地味とも思われようが、実はこういう高水準のものだったのである。

（3）タイトル

日本人が大リーグで獲得したタイトルも、いつの間にかとっくに十指に余るようになった。野茂が海を渡った95年に、誰がここまでの日本人選手たちの成功を予想したろう。そうしたタイトルの一覧表を次に掲げる。★は現役。

日本人メジャー選手タイトル一覧

MVP：イチロー	1	B	
大谷翔平	2	B	★
新人王：佐々木主浩		O	
野茂英雄		B	
イチロー		B	
大谷翔平		B	★
最多勝：ダルビッシュ有	1	A	★
最多奪三振：ダルビッシュ有	1	A	★
野茂英雄	2	B	
首位打者：イチロー	2	B	
ホームラン王：大谷翔平	1	B	★
盗塁王：イチロー	1	B	
ゴールドグラブ：イチロー	10	B	

ゴールドグラブは主要タイトルではないのでこれを外せば、全部で15冠となるが、そのうち、O型は佐々木主浩の新人王、A型はダルビッシュ有の投手部門2タイトルだけである。他の12冠は全てB型が手にした。野茂3、イチロー5、大谷4。まさに日本人選手の大リーグ進出は、この3人のB型選手たちによって牽引されてきたのである。大活躍はしたものの、松井秀喜Oは、結局、タイトルは一つも取れなかった。

ちなみに、これも第2章で指摘したが、野茂は日本でも新人王になっている。日米双方で新人王となった日本人選手は、今のところ、野茂ただ一人である。

第8章　監督―本命のO型、トレンドを決めるA型

（1）リーグ優勝と日本一

各監督の苦闘については、第2章の日本プロ野球史で概観している。

選手の各部門で猛威を振るったO型は、監督をやっても強い。リーグ優勝、日本一とも、日本人平均の1・4倍に伸びる。以下のようにである。リーグ優勝監督が日本シリーズ優勝監督の倍よりも多いのは、主として、1リーグ時代の存在による。1リーグ時代はリーグ優勝までで全てが終わり、日本のプロ野球興業の言わばアンコール、日本一決定戦たる日本シリーズは行われていなかった。

	O型	A型	B型	AB型	χ自乗値、危険率
リーグ優勝監督（157）	67（42・7％）	55（35・0％）	19（12・1％）	16（10・2％）	14・29、P〈0・5％
日本シリーズ〃（71）	30（42・3％）	28（39・4％）	9（12・7％）	4（5・6％）	

O型の強さとは逆に、B型の落ち込みが目立つ。B型にも第2章で紹介したように、セ・リーグで89―97年と9連覇した黄金時代はあるのだが、いわばそれだけで、全体としてはリーグ優勝も日本一も、日本人平均の6割ほどしか達成できていない。仮にB型のこのセ・リーグ9連覇の時期のリーグ優勝と日本一（5回）分を引いてみると、B型監督たちは、

	O型	A型	B型	AB型
リーグ優勝監督（148）	67（45・3％）	55（37・2％）	10（6・8％）	16（10・8％）
日本シリーズ〃（66）	30（45・5％）	28（42・4％）	4（6・1％）	4（6・1％）

というまことに惨憺たる有様となる。２０２３年までの日本プロ野球88年の歴史で、黄金の9年間を除いた79年間、B型監督たちは、ずっと冬の時代の中にあったと言えよう。

A型監督たちは日本シリーズ優勝では、ほぼ日本人平均の割合を占めている。日本シリーズ11戦全勝の川上、5戦4勝の三原、4戦3勝の廣岡、8戦3勝の原（原監督はリーグ優勝は9回だが、その内1度、クライマックス・シリーズで敗退したため、日本シリーズ進出は8回）が稼ぎ頭である。

監督たちのリーグ優勝回数、日本シリーズ優勝回数のランキングは次のとおり。★は現役監督。

監督リーグ優勝回数

1位	11	川上哲治	A
		鶴岡一人	AB
3位	9	藤本定義	O
		水原　茂	O
		原　辰徳	A
6位	8	西本幸雄	O
		森　祇晶	O
8位	6	三原　脩	A
9位	5	上田利治	O
		野村克也	B
		長嶋茂雄	B
12位	4	古葉竹識	O
		王　貞治	O
		落合博満	O
		星野仙一	O
		廣岡達朗	A
		藤田元司	B
18位	3	秋山幸二	O
		工藤公康	O
		仰木　彬	A
		緒方孝市	A
		中嶋　聡	AB★

監督日本シリーズ優勝回数

1位	11	川上哲治	A
2位	6	森　祇晶	O
3位	5	水原　茂	O
		工藤公康	O
5位	4	三原　脩	A
6位	3	上田利治	O
		古葉竹識	O
		廣岡達朗	A
		原　辰徳	A
		野村克也	B
11位	2	王　貞治	O
		秋山幸二	O
		藤田元司	B
		長嶋茂雄	B
		鶴岡一人	AB

監督リーグ優勝・日本シリーズ優勝合計
（リーグ優勝、日本シリーズ優勝）

1位	22	川上哲治	A	（11、11）
2位	14	水原茂	O	（9、5）
		森祇晶	O	（8、6）
4位	13	鶴岡一人	AB	（11、2）
5位	12	原辰徳	A	（9、3）
6位	10	三原脩	A	（6、4）
7位	9	藤本定義	O	（9、0）
8位	8	西本幸雄	O	（8、0）
		上田利治	O	（5、3）
		工藤公康	O	（3、5）
		野村克也	B	（5、3）
12位	7	古葉竹識	O	（4、3）
		廣岡達朗	A	（4、3）
		長嶋茂雄	B	（5、2）
15位	6	王貞治	O	（4、2）
		藤田元司	B	（4、2）
17位	5	落合博満	O	（4、1）
		秋山幸二	O	（3、2）
		星野仙一	O	（4、1）
20位	4	仰木彬	A	（3、1）

リーグ優勝と日本シリーズ優勝は、監督たちの２大タイトルと言ってよい。両タイトルの合計では、監督たちは、どういうランキングとなるのだろうか。

藤本定義は、１リーグ時代に７回（うち３回は短期シリーズ）、２リーグになってから２回優勝している。日本シリーズで９戦全敗だったわけではない。西本幸雄は、阪急、近鉄を強豪チームに育てあげながら、日本シリーズは８戦全敗で「悲運の闘将」と呼ばれた。

１位は計22冠で、川上哲治Aが圧勝。２位は、ともにリーグＶ９に肉薄した巨人水原、西武森の２人のO型監督が14冠で並んだ。

４位は13冠の鶴岡一人ＡＢ。同監督は１リーグ時代に２回優勝しているので、日本シリーズは９戦２勝。日本シリーズでは、水原巨人、川上巨人に苦杯をなめ続けた。その苦闘の背後には、三原監督Ａ時代の巨人による、当時南海のエースだった別所毅彦投手ＡＢの引き抜きがあった。別所は、巨人―南海の日本シリーズで、51年に３試合登板し１勝（完封）、52年に３試合登板３勝、53年に３試合登板１分１敗、55年に５試合登板３勝１敗、59年に２試合登板勝ち負けなし、と計16試合に登板し、７勝２敗１分。別所の引き抜きがなければ、鶴岡の日本シリーズ勝率は９戦して、５割を超えていたかもしれない。杉浦忠とともに南海入りするはずだった長嶋茂雄を、土壇場で巨人にさらわれたこともあった。鶴岡は、やや悲運に付きまとわれていた。

（2）1年目の優勝が多い

長く野球を見ていて、新人監督が1年目からいきなり優勝するケースが少なくないような気がした。そこで、新人監督の優勝の事例を集めてみた。以下のような顔ぶれである。

監督1年目リーグ優勝
O型：藤本定義、中島治康、西本幸雄、古葉竹識、森祇晶、伊東勤、落合博満、工藤公康
A型：川上哲治、阿南準郎、原辰徳、権藤博、渡辺久信、井原春樹、真中満、栗山英樹
B型：藤田元司
AB型：鶴岡一人、中嶋聡（ただし、2020年西村監督辞任後、8月より監督交代。このシーズンはリーグ6位。2021年から監督）

全19人である。

血液型の判明しているリーグ優勝監督の実人数は、2023年まで計47人である。19人ということは、この47人のうち、40・4％は、1年目に優勝を飾ったということだ。やはりかなりの高率ではなかろうか。この監督たちの血液型別分布率はこうなった。

計19　O型8（42・1％）A型8（42・1％）B型1（5・3％）AB型2（10・5％）

1年目に日本一になったのは、以下の監督たちである。

O型：森祇晶、伊東勤、工藤公康
A型：川上哲治、原辰徳、権藤博、渡辺久信、西村徳文（シーズン3位からクライマックス・シリーズを制し、日本シリーズに進出、日本一。いわゆる「史上最大の下剋上」）
B型：藤田元司

計9　O型3（33・3％）A型5（55・5％）B型1（11・1％）AB型0（0％）

1年目日本一の監督9人のうち、5人がA型である。選手たちの新人王もそうだが、A型には勢いよく飛び出すところがあるのだろうか。ちなみに、日本一は1年目の1回だけという監督が、9人中4人いる。伊東勤、権藤博、渡辺久信、西村徳文で、O型1人、A型3人である。この4人は、2年目以降、リーグ優勝もしていない。

（3）長期政権・通算勝利

名監督たちは、しばしば長期にわたって同一チームを率いる。長期政権の監督たちに、血液型によって偏りはあるのだろうか。

監督長期政権（年）

1位	23	（南海）	鶴岡一人	AB
2位	14	（ダイエー、ソフトバンク）	王貞治	O
		（巨人）	川上哲治	A
4位	11	（巨人）	水原茂	O
		（阪急）	西本幸雄	O
		（広島）	古葉竹識	O
7位	10	（阪急）	上田利治	O
		（巨人）	原辰徳	A
		（日本ハム）	栗山英樹	A
10位	9	（金星・大映）	藤本定義	O
		（西武）	森祇晶	O
		（西鉄）	三原脩	A
		（ヤクルト）	野村克也	B
		（巨人）	長嶋茂雄	B
		（日本ハム）	大沢啓二	AB
16位	8	（阪神）	藤本定義	O
		（近鉄）	西本幸雄	O
		（中日）	落合博満	O
		（大洋）	三原脩	A
		（オリックス）	仰木彬	A
		（西鉄）	中西太	B
		（南海）	野村克也	B
23位	7	（巨人）	藤本定義	O
		（東映）	水原茂	O
		（西武）	東尾修	O
		（ソフトバンク）	工藤公康	O
		（ヤクルト）	若松勉	B

同じ監督がこの表の中に何回も出ている場合があるのは、その監督が複数のチームを率いた経歴があり、しかも7年以上の長期政権が何度かあったためである。藤本定義Oは、金星・大映で9年、阪神で8年、巨人で7年と3回も長期政権を担った。西本幸雄Oは阪急11年、近鉄8年で、水原茂Oは、巨人11年、東映7年。三原脩Aは、西鉄9年、大洋8年、野村克也Bは、ヤクルト9年、南海8年である。O型が目立つ。

なお原辰徳監督Aは、巨人を計17年率いたが、連続してではなかった。2002―03（2年）、2006―15（10年）、2019―23（5年）と、3期にわたって指揮したのである。表中の原監督の「7位10回」というのは、第2期政権である。何期かにわたって同一チームを率いた監督の合計年数ランキングでは、1位鶴岡AB南海23年、2位原A巨人17年、3位上田O阪急・オリックス15年、同じく、長嶋茂雄B巨人15年となる。3位までの4人は奇しくも各血液型1人ずつとなった。

では、監督たちのうち、誰が多くの勝利を重ねたのか。監督通算勝利数ランキングを示す。（　）内は、通算勝率である。

監督通算勝利数ランキング（勝率）

1位	鶴岡一人	1773	（0・609）	AB
2位	三原脩	1687	（0・537）	A
3位	藤本定義	1657	（0・537）	O
4位	水原茂	1586	（0・585）	O
5位	野村克也	1565	（0・500）	B
6位	西本幸雄	1384	（0・543）	O
7位	上田利治	1322	（0・538）	O
8位	王貞治	1315	（0・540）	O
9位	原辰徳	1291	（0・557）	A
10位	別当薫	1237	（0・517）	O
11位	星野仙一	1181	（0・531）	O
12位	川上哲治	1066	（0・591）	A
13位	長嶋茂雄	1034	（0・538）	B
14位	仰木彬	988	（0・548）	A
15位	古葉竹識	873	（0・525）	O
16位	梨田昌孝	805	（0・509）	A
17位	森祇晶	785	（0・574）	O
18位	中西太	748	（0・480）	B
19位	大沢啓二	725	（0・501）	AB
20位	栗山英樹	684	（0・504）	A

やはり、長期政権を担ったことのある監督が多い。長期政権の表に出ていない監督は、10位別当薫O、16位梨田昌孝A両監督のみである。5位野村と、6位西本の間が少し開いている。どの血液型も、5位までのうち1人は送り出している。

勝利数、勝率とも1位の鶴岡ABは見事である。23年も戦い続けて勝率が6割を超えるなど、ちょっと考えられない。これだけの安定感があったからこそ、23年間も指揮を任されたのであろう。勝率2位の川上、同4位の森は、それぞれ、巨人V9、西武黄金時代を率いた。二人の間に割って入る勝率3位の水原は、巨人第2期黄金時代を指揮した。

ソフトバンク黄金時代を築いた秋山幸二・工藤公康両O型監督は、通算勝利数は20位以内に入っていないが、それぞれ、456勝（0・553）、558勝（0・596）となる。工藤監督は勝利数は、川上の半分ちょっとだが、勝率は川上を超えている。

（4）監督たちの系譜

今に続くプロ野球の監督たちの足跡をたどると、おのずといくつかの系譜が浮かび上がる。それらは、それぞれの仕方で、日本のプロ野球を色濃く染め上げてきた。ここではそうした系譜を振り返ることにしよう。（次頁）

ここでは、現在に至るプロ野球の主な監督たちを、5つの系譜にわけてみた。実際には、これほどきれいにはおさまらず、いくつかの系譜にまたがる監督が少なくないのだが、それについては、適宜説明を加えるとして、この見取り図に即して話を進める。

巨人の第1期、第2期黄金時代を指揮した藤本定義、水原茂両O型監督は、日本のプロ野球史に大きな足跡を残したが、その後、直接的な形では、強力な系譜を残さなかった。長嶋、星野は、水原のそれぞれ巨人、中日監督時代の教え子である。西本幸雄も一家をなす大監督だが、主な後継者は、それぞれ阪急、近鉄時代の教え子の上田、梨田にほぼ尽きる。

何と言っても最大の系譜は、巨人V9を率いた川上哲治Aを始祖とするそれだろう。水原茂から第2期黄金時代も終わり、弱体化した巨人を引き継いだ川上は、参謀牧野茂ヘッド

監督たちの系譜

川上哲治 A	—廣岡達朗 A	—伊原春樹 A		
		—工藤公康 O		
	—森祇晶 O	—秋山幸二 O		
		—伊東勤 O		
		—東尾修 O		
		—辻発彦 A		
		—渡辺久信 A		
		—落合博満 O		
	—藤田元司 B	—原辰徳 A		
	—王貞治 O			
三原脩 A	—仰木彬 A	—中嶋聡 AB		
	—稲尾和久 B			
	—栗山英樹 A			
鶴岡一人 AB	—野村克也 B	—古葉竹識 O	—山本浩二 B	—緒方孝市 A
		—高津臣吾 A		
		—真中満 A		
		—若松勉 B		
	—大沢啓二 AB			
藤本定義 O	—水原茂 O	—長嶋茂雄 B		
		—星野仙一 O		
西本幸雄 O	—上田利治 O			
	—梨田昌孝 A			
(参考)				
根本陸夫 AB	—古葉竹識 O			
	—廣岡達朗 A			
	—王貞治 O			

コーチＡと組んで、少ない得点を投手を中心とした組織的で堅い守備で守り抜く、大リーグ・ドジャースの戦法に学び、お家芸とした。これに日本プロ野球史上最強コンビＯＮ（王貞治・長嶋茂雄）の破壊力がプラスされ、川上はプロ野球監督として、これまでで最高の成功を収めた。

この川上の大成功は、その後の日本のプロ野球を変えずにはおかなかった。個人的いきさつを超え、血液型の違いも超えて、川上野球の灯は、多くの監督たちの歩む道を照らした。ＷＢＣなどの野球の国際大会で強みを発揮する日本のお家芸スモールベースボールも、原点は川上野球と言ってよかろう。

廣岡達朗は、巨人選手時代、川上監督とはなさぬ仲だった。川上批判も多かった。しかし、この廣岡も、本人は必ずしもそれを認めないが、川上に近いチーム運営をやった。川上よりもさらに選手管理が厳格だった（「廣岡管理野球」と呼ばれた）ことが、廣岡の個性だった。この厳格さは、チームを強力にもしたが、長期政権を難しくもした。廣岡は4年間の監督生活で、西武黄金時代を切り開くや、球界を退き、その後、監督に復帰することはなかった。しかし、廣岡は、今も元気いっぱいで、歯に衣着せぬ野球評論活動を続けている。そのトーンは、廣岡の著書『意識革命のすすめ』の最後の言明のままである。「道は一つしかない」（『意識革命のすすめ』２５８頁）。

森祇晶は、廣岡と同時期に川上監督の下、選手生活を送ったが、現役引退後、ヤクルト、西武で、廣岡監督のヘッドコーチをつとめた。廣岡政権下では、監督の方針に従って厳格なチーム運営に積極的に協力したが、自身が廣岡の後任として西武監督になると、「牧場野球」を標榜し、生活上の大きなルールは守らせるものの、その枠内での細かなことは選手たちの自主性に任せる方針に転換し、風通しのよくなった西武は、V9巨人に肉薄するほどの強豪チームとなり、長い黄金時代を迎えた。森は、川上野球の継承を意識し、「川上に最も近い監督」と評されることもある。

森の下で西武黄金時代の中心選手として活躍した秋山幸二、工藤公康両O型監督は、やがて、ソフトバンク黄金時代を2人で現出することになる。工藤は、森よりむしろ廣岡監督からの影響を語る場面が目立つが、勝負に対する姿勢は、やはり森の影響下にあるように見える。かくて、巨人V9、西武黄金時代、ソフトバンク黄金時代という日本プロ野球史上の言わば三大王朝は、一つの線でつながるのである。

西武黄金時代にロッテで選手生活を送り、西武の手堅く勝ちを重ねていく野球に憧れていた落合博満は、森の直接の薫陶は受けていないものの、その精神を継いでいると言えよう。そして、中日に黄金時代をもたらしたのである。

このように、川上監督以降、日本プロ野球の最大の推進力は、その系譜であったと言ってよかろう。野村克也Ｂも、ここでは、鶴岡一人の系譜に位置付けたが、川上を史上最高の監督と評価し、川上から多くを学んだ。

川上スクールと対抗する第２の系譜は、西鉄黄金時代を導いた三原脩Ａを始祖とするものである。三原は日本プロ野球草創期の大監督、巨人の藤本定義Ｏの片腕として、チーム力強化に尽くした。その後、巨人監督となり、１９４９年に巨人に戦後初優勝をもたらした。水原茂のシベリアからの帰国に伴い、巨人監督をやめ、西鉄ライオンズを指揮。黄金時代を築いた。大洋でも優勝・日本一を達成した。三原スクールは、西鉄時代の教え子たちを中心に形成された。

仰木彬Ａは、西鉄選手時代から、三原に目をかけられていた。引退後、近鉄で三原の下、コーチをつとめた。仰木の三原への傾倒は有名で、しぐさ、身のこなしに至るまで三原を思わせると評された。三原は様々なユニークな戦術で「魔術師」と呼ばれたが、仰木も猫の目打線その他で、「仰木マジック」と呼ばれた。

三原は、西鉄時代、「遠心力野球」を標榜し、選手たちの管理は極力抑え、結果さえ出せば、選手たちの好きにやらせるという方針を貫いた。その方針の下、稲尾和久Ｂや中西太Ｂなど、破天荒な実績を残す大スターが生まれた。仰木も三原のこの方針を受け継ぎ、近鉄監督時代、期待の新人野茂英雄投手の、一度背中をバッターに見せるほど身体をひねる極端に変則的な投球フォームにも一切口出しせず、野茂を大成させ、大スターにした。

オリックス監督時代には、同じく変則的な振り子打法のイチローの素質を見抜き、抜擢し、史上最高のヒットメーカー誕生を後押しした。

「僕のフォームが間違いであったとしても、〝じゃあ、間違ったままいこう〟というのが僕の考え方」（野茂。『僕のトルネード戦記』105頁）、「人と違うことをやるというのが、ぼくの基本ですから」（イチロー。『夢をつかむイチロー262のメッセージ』52頁）。こういう不敵な若者たちの自負に仰木は賭けて、成功したのである。

西鉄黄金時代のエースで伝説の鉄腕稲尾和久Bは、監督としては、必ずしも華々しい成績を残せなかったが、ロッテ監督時代、その懐の深さ、西鉄以来の反管理野球の姿勢で、孤高の大打者落合博満Oを心酔させ、落合の1985〜1986年の2年連続三冠王を強力に演出した。落合はそれにより、日本プロ野球史上唯一の3度の三冠王を達成した。

栗山英樹Aは、三原監督の下でプレーした経験はなく、生前に会ったこともないと言うが、私淑し、また、三原の教え子で娘婿の中西太から三原の遺したノートを託され、それに多くを学んだ。栗山も常識にとらわれず、多くの反対論の中、大谷翔平の投打二刀流を後押しし、唯一無二の大選手に育て上げた。大谷の栗山への信頼は厚い。

栗山はヤクルトの選手時代、野村克也監督Bの薫陶を受けている。しかし、三原に比べ、野村への言及は目立たない。栗山はメニエール病により、若くして現役を退いた。三原も戦争で受けた傷のため、引退は早かった。こうした境遇の似通りと、Ａ型どうしの感覚的親しみもあって、同じく智将ながら、栗山は野村ではなく、三原を選んだのかもしれない。野村は、三原、栗山とは異なり、選手としても超一流だった。

中嶋聡ＡＢは、オリックスの選手時代、当時の監督だった仰木の野球を間近で見た。オリックス監督に就任するや、その指揮ぶりは、しばしば仰木との似通りを指摘されるようになった。「中嶋マジック」も語られる。中嶋監督のもと、山本由伸投手ＡＢは、３年連続投手部門主要４タイトル独占の離れ業をやってのけた。

三原スクールの監督たちは、川上スクールと比べ、安定して勝ち続ける点では、これまでのところ、若干劣る。優勝回数も川上スクールほど多くはない。しかし、不思議と破天荒な大スターを育てた。三原は稲尾、中西を、仰木は野茂、イチローを、稲尾は落合を、栗山は大谷を、そして中嶋は山本を、である。これらの大スターたちのいない日本プロ野球史を想像してみていただきたい。どれほど寂しく、味気なくなることか。三原スクールは、川上スクールとはまた別のスタイルで、日本プロ野球に多大の貢献を果たしてきた。

もう一つの大きな系譜は、南海で23年間連続して監督を務めた鶴岡一人ＡＢを始祖とする。鶴岡は、ＧＭ的な仕事も自ら引き受け、才能のある選手集めに労を惜しまなかった。いち早く専任のスコアラーを置き、野球の様々な記録の分析を重視した。鶴岡は語っている。

ごく短期間の記録であったら、偶然とか運とかに支配される面もあるから、そのプレーヤーの持っている、本質的なものをつかむことはできない。しかし3年間の統計を分析してみると、ほぼ正確に、そのプレーヤーの持っているいい面、悪い面、どこが強いか弱いかといったことをつかむことができる。数字は感情に支配されないから、われわれが、カンで想像しているのとは大いにちがった面を指摘して見せてくれることもしばしばあるのである。……その選手の持っている記録は、赤裸々なその人間像だともいえる（『御堂筋の凱歌』195―196頁）。

鶴岡はまた、ある時点で自軍の投手力が弱いと見るや、計画的で思い切った継投策を多用し、勝ちを拾っていった。近年、投手の分業化がますます進み、完投はめっきり少なくなった。そんな時代に、時代に先駆けて継投策を模索した鶴岡の歩みは、多大なインスピレーションを与える。

実は本人たちは仲が悪かったのだが、筆者の見るところ、鶴岡の第一の高弟は野村克也Bである。鶴岡監督の特徴として挙げた点は、全て野村監督にも当てはまる。野村は南海退団時のいきさつもあり、長く鶴岡には否定的で、「精神野球」「具体的戦術の欠如」などとあげつらった。鶴岡への反発もあり、野村は自らの考える野球（ＩＤ野球）に磨きをかけた。そして、自ら一家を成す大監督となった。

しかし、晩年、野村は、自分の野球人としての骨格は、やはり鶴岡によって築かれたものであったと述懐することになる。「どこまでいっても野球は団体競技であり、チームは組織としての勝利をめざす集団である。私がその真理を体得したのは、紛れもなく、鶴岡制圧下（体制下？：筆者）の南海時代のことだったのである」（『エースの品格』１３８頁）。野村の「再生工場」の原点の一つも、力のない投手を継投策で活かす、鶴岡の投手起用であったのかもしれない。

広島に黄金時代をもたらした古葉竹識Ｏは、野村監督時代の南海でコーチをつとめ、野村の薫陶を受けた。強豪チームとなった広島からは、後に多くの監督が輩出した。野村のヤクルト監督時代の選手たちからも、監督など多くの指導者が出た。

特殊な位置にいるのが、根本陸夫監督ＡＢである。３つの球団で通算11年監督を務めたが、Ａクラスは、最初に指揮した広島初年度の1度だけ。勝率・４６５。大監督とは言いかねる。しかし、根本が監督を務めたチームは、皆、根本が辞めて数年後に、黄金時代を迎えた。どうやら、たまたまではないらしい。根本は、自分の役割はチームの土台作りにあると自任していて、ひたすら才能ある選手の獲得、育成に努めた。そして、チームに力が付いてきたと見ると、「勝てる監督」にバトンタッチした。そして、その後は、西武、ダイエーでは、フロント入りし、監督のバックアップに回った。かくして、根本の後、広島、西武、ダイエー＝ソフトバンクが黄金時代を迎えた。表中の根本の系譜は、野球観とか戦術面などでの継承を意味しない。根本の基礎作りの後、チームを強くした監督たちを並べてある。

（5）監督たちの血液型別共通傾向

この章で見てきたプロ野球の大監督たちは、前節で検討した系譜の問題とはまた別に、血液型ごとに、それぞれある程度のまとまりを持っている。以下、それを論じたい。

O型監督の人使いの持ち味は、「人間的な心のふれあいの重視」「選手たちを信頼する」「我慢して使う」といった点に集約されよう。欠点を取り除くより、長所を伸ばすといった育成方針が目立つ。手のかかる選手、手こずりそうな選手も積極的に使いこなす。O型大監督たちの手記を読むと、どれにもこうした話があふれている。投手のローテーションは守りたい方で、投手のコンディションを維持して、長期戦で最後は勝利するという戦略を取る。

青田昇Oが、1962年にヘッドコーチとして仕えた、当時阪神監督だった藤本定義Oについて、こう述懐している。

僕は藤本さんほど、自分の立てたローテーションを頑固に守り通す人を、他に見たことがない。ここでローテーションをくずしてでも小山か村山をつぎ込めば連勝できるのになあ、と思ってもそういうことは絶対にしない。はたで見ていてもイライラするほどだった。……味方がピンチになる。投手がアップアップしてくる。すると藤本さんの姿がスーッとベンチから消えてしまうのだ。……実は藤本さん、甲子園のベンチ裏を出たところにある喫茶店に行ってコーヒーを飲んでいるのだ。……なぜ肝心の時に監督が消えてしまうのか。「わしがおると、どうしても投手を代えたくなる。ここは代えるべきではないとわかっていても、つい弱い心が起きないとも限らん。そんならいっそいない方がいい。わしがいなければ誰も代えることはできんからな」こうして耐えているうち、奇手、妙手を矢継早に打っていた三原さん（脩。当時大洋監督：筆者）のほうの息が切れ、阪神は15年ぶりの優勝を果たしてしまった（『サムライ達のプロ野球』２１１〜２１２頁）。

今なら、試合中に喫茶店に逃げ出す監督は、ただでは済むまいが、どこかいい話ではないか。藤本は、こうまでして先発投手のローテーションを守ったのである。

Ａ型監督は、チームに確固たる理念を与え、選手を引っ張る。時として「管理」が全面に出る。川上、廣岡はその代表である。川上、廣岡の管理野球は、61年から85年にかけて球界を風靡した。A型には、全く反対に見える監督たちもいる。三原脩監督の系譜である。しかし、西鉄時代の三原にも確固たる理念があった。「遠心力野球」である。三原の放任主義には筋が通っていた。

A型監督には、ここが勝負所と見るや、投手を惜しげもなく投入する傾向が割合見られる。野口二郎を酷使した苅田久徳、稲尾和久を酷使した三原、権藤博を酷使した濃人渉《のうにんわたる》（「権藤、権藤、雨、権藤」）。仰木、原、岡田彰布監督も、しばしば目の前の1勝を重視し、無理を承知で投手たちを使った。仰木監督は、その無理な投手起用をめぐり、近鉄では権藤博A、オリックスでは、山田久志Oという有能な投手コーチともめ、両者とも解任している。

A型は、プロ野球の各領域において、ざっと言って、監督〉投手〉守備〉打者という力関係で動いてきていると言えよう。つまり、これまでのところ、A型は監督として、プロ野球に最も大きな足跡を残してきたように思う。

B型監督は、選手の秘められた可能性を見出し、育てるのがうまい人が多い。「再生工場長」野村克也、斎藤雅樹をサイドスローに転向させ、大投手に育てた藤田元司など。中西太など、それが大好きで、自分は本当は監督ではなく、コーチをやりたいのだと常々公言していた。事実、打撃コーチとしての中西は、超一流だった。B型には、浪花節的情の監督という色彩も強い。知性派と見られる野村も、情を重視する。もちろん、「知性プラス情」だが。

　ＡＢ型監督は、鶴岡監督のお家芸、継投策もそうだが、野球を組み合わせで見ていき、その妙を極めようとする。戦力を常に補充し、その時々で、選手たちの最上の組み合わせを実現しようとする。組み合わせのピースたる個々の選手たちへは、公平に接しようとする姿勢が目立つ。

第9章　血液型別ベストナイン

　ここまで日本のプロ野球を、血液型のふるいにかけ、様々な角度から考察してきた。この章では、それを踏まえ、日本プロ野球史の血液型が判明している全選手、監督たちの中から、血液型別のベストナインを選出してみよう。

　もちろんご異論は大いに考えられる。巻末の付録などを参考に、ご自分でも血液型別ベストナインを選出してみられたらどうだろうか。同付録は、日本プロ野球史で活躍した主な選手たちは、もれなく網羅しているはずである。同付録には、血液型別の監督リストも載せてある。

　ご覧の通り、各血液型とも、投手以外は、ポジション別に1人ずつ選び、DHも入っている。選手とポジションがぴったり合わない場合もあるかと思うが、それは、落選させるのは惜しい選手を残すため、強力な競合相手がなく、かつその選手が守ったことのあるポジションに回っていただいたケースである。投手は先発3人と中継ぎ、抑えを1人ずつ。さらに、どうしても残したい選手を、各型1人ずつ、補欠として選んだ。実際、血液型別ではない全

筆者が選ぶ血液型別ベストナイン

	O型	A型	B型	AB型
1	松井稼頭央（遊）	青木宣親（外）	イチロー（右）	松永浩美（三）
2	高木守道（二）	菊池涼介（二）	大谷翔平（DH）	坂本勇人（遊）
3	松井秀喜（左）	小笠原道大（三）	山本浩二（外）	柳田悠岐（外）
4	王貞治（一）	川上哲治（一）	長嶋茂雄（三）	小久保裕紀（一）
5	落合博満（三）	阿部慎之助（捕）	中西太（二）	前田智徳（DH）
6	張本勲（DH）	田淵幸一（DH）	門田博光（外）	丸佳浩（外）
7	金本知憲（右）	山内一弘（外）	清原和博（一）	森野将彦（二）
8	秋山幸二（中）	江藤慎一（外）	古田敦也（捕）	新井宏昌（外）
9	伊東勤（捕）	立浪和義（遊）	石毛宏典（遊）	中尾孝義（捕）
投	鈴木啓示（先）	江夏豊（先）	金田正一（先）	別所毅彦（先）
	山田久志（先）	ダルビッシュ有（先）	稲尾和久（先）	米田哲也（先）
	杉下茂（先）	村山実（先）	野茂英雄（先）	山本由伸（先）
	宮西尚生（中）	浅尾拓也（中）	益田直也（中）	増田達至（中）
	佐々木主浩（抑）	高津臣吾（抑）	小林雅英（抑）	岩瀬仁紀（抑）
補	大下弘	加藤秀司	福本豊	村田修一
監	森祇晶	三原脩	野村克也	鶴岡一人

選手中のベストナインを選出しても選ばれることの多い１０００超盗塁の盗塁王福本豊が、「補欠」に回るなど、自分でこのベストナイン・メンバーを選出してみるまで、筆者は考えもしなかった。しかし、その役どころが競合する相手が、イチローになるのでは、致し方なかった。ここでは、通常のベストナイン企画とは異なり、監督も選出した。

A型で、監督が最高の実績を残した川上でなく三原になっているのは、打撃部門で若干見劣りするA型チームから、A型打者ナンバーワンのタイトルホルダー川上（打撃主要３部門計10冠）を外したくなかったからである。ここの各チームでは、選手兼任監督は置かないことにしている。反対に、B型では、B型一の打撃タイトルホルダーの野村を、選手としては選ばず、監督に回した。B型で監督と言えばやはり野村しかいないし、豪打者の多いB型では、野村の穴は比較的埋まりやすいからである。野村が監督に回ったので、捕手は、野村の愛弟子古田となった。

各型のベストナインを見比べて、どういう印象を持たれるだろうか。打撃陣は、やはりO型とB型が強力だが、野村が監督に回った分、B型がちょっと落ちるか。

これまでの日本のプロ野球の全打者で、通算２０００安打５００本塁打１５００打点を全てクリアしたとびきりの豪打者は、７人しかいない。

Ｏ型　王貞治、張本勲、落合博満、松井秀喜
Ｂ型　野村克也、門田博光、清原和博

である。Ｏ型オールスターチームには、この４人が全員入っているが、Ｂ型チームは３人のうち1人が欠けるのである。オールスターチームの超豪打者の比率は、Ｏ型４対Ｂ型２だ。Ｂ型の虎の子の豪打者二人をチームの３、４番に据えていないのは、タイトル獲得数が控えめで、通算打率も高くないからである。

対して、Ａ型、ＡＢ型チームは、やはり打者がやや迫力に欠ける。豪打者が少ないのである。Ａ型チームでホームラン４００本以上は、田淵４７４、阿部４０６の二人だけ。Ａ型ではもう一人山崎武司が４０３本打っているが、ここでは選に漏れている。ＡＢ型は、４１３本の小久保一人。選出メンバー中２位は、前田で２９５本。補欠の村田は３６０本。５００本代４人プラス４００本代２人のＯ型チーム、５００本代３人、４００本代1人のＢ型チームとは落差がある。

投手陣となると、様相は一変する。各チーム先発３人、救援２人と限られているので、血液型各グループ全体で見た時の投手陣の力関係とはちょっと違ってくるのも、話を面白くする。たとえば、これまでのところ、２００勝以上の投手をＯ型は９人、Ａ型は４人（付記参

照）、Ｂ型は７人、ＡＢ型は３人出している。これだけ見れば、Ｏ型が最も強力だが、問題は、各型、先発投手は３人しか選べないことである。各型のエース級でもさらに上澄みの３人ずつを比べてみると、必ずしもＯ型先発陣が最強とは言えない。

なお、各血液型ベストナイン前川版では、各型とも必ずしも勝ち星順に先発を選んではいない。たとえば、Ａ型ダルビッシュ有（付記参照）、ＡＢ型山本由伸は、まだ２００勝には届いていないが、タイトル数その他の活躍度も勘案し、選出した。筆者が考える各型最強の先発トリオということである。

どうも気になるのは、４００勝投手金田、伝説の鉄腕稲尾、日本人大リーガー一の勝ち頭野茂をそろえたＢ型投手陣である。このトリオは実力も注目度も半端ではない。少し前になるがテレビ朝日の「ファン1万人がガチで投票！　プロ野球総選挙」（２０１８年1月８日）という番組では、投手部門で1位大谷、２位野茂、３位稲尾、４位金田と、上位４人をＢ型が独占し、驚いたことがある。それで思い出したが、今回は投手としては選出しなかったが、Ｂ型投手陣には二刀流の大谷もいたのである。他の３チームの先発陣はほぼ互角ではなかろうか。救援投手陣は、宮西、佐々木を擁するＯ型が一歩リードか。

監督は、もちろん、各型のエース級がそろった。選手の粒のそろったＯ型チームは、強いチームの指揮に定評のある森祇晶監督。若干総合力で劣るＡ型チームだが、監督は「魔術師」三原脩。何しろ、１９６０年に大洋の監督に転じるや、前年度最下位チームをいきなりリーグ優勝に導き、そのまま日本シリーズも４勝無敗で突っ走り、日本一になった監督である。西鉄黄金時代の名将でもある。面白い勝負をするだろう。

Ｂ型チームの野村監督は、３連覇以上の経験がないなど、若干、成績にむらがあるが、名にし負う知将である。短期決戦にも強い。ただＯ型チームに引けを取らないメンバーをそろえたＢ型チームが、逆に天邪鬼な野村のやる気を削ぐかもしれない。弱いチームを率いて強力チームを倒すのを生きがいとした同監督にとって、このチームは豪華メンバー過ぎるのだ。

ＡＢ型チームはもちろん鶴岡一人監督。安定感抜群の同監督が、やや非力な打撃陣を強力投手陣でカバーして、どうやりくりをしていくかだ。

この４チームがトーナメントで戦えば、どういう結果になるだろう？　準決勝の組み合わせはくじ引きで決めよう。そこの勝者どうしで決勝戦だ。みなさん、それぞれにこのトーナメントの推移を想像してみていただきたい。

４つのチームには、一見して戦力差はある。しかし、強大な戦力を抱えるチームが必ず勝つほど、野球は簡単なスポーツではない。結論を言えば、どのチームが最終的に勝利するかは予言できない。各チーム、自他の戦力分析を綿密にやり、奇策を含む作戦を練って、試合に臨むだろう。当然、コンディション作りも怠るまい。

結論に代えて

血液型の視点を通して、プロ野球を眺めると、ここまでお話ししてきたように、随分違った景色が見えてくる。

２０２４年のセ・リーグは、Ａ型監督が４人（阪神岡田、巨人阿部、中日立浪、ヤクルト高津）、Ｂ型監督が二人（広島新井、ＤｅＮＡ三浦）である。頭数からしてすでにＡ型は優位であるが、それを活かして、セ・リーグＡ型監督Ｖ13を成し遂げるのか。それとも、二人のＢ型監督のどちらかがそれを阻止し、セ・リーグに２００１年のヤクルト若松勉監督以来のＢ型監督の優勝をもたらすのか。ちなみにパ・リーグは１９７４年のロッテ金田正一監督以来、Ｂ型監督チームの優勝はない。２０２４年のパ監督のうち、Ｂ型は、ロッテ吉井理人と、楽天今江敏晃の二人。二人のどちらかが、パに半世紀ぶりのＢ型監督優勝をもたらすのか――野球のこういう観方をしておられる方は、おそらくほとんどいらっしゃらないだろう。

他にも、現在ともにＡ型で史上最多の３回のホームラン王を獲得している山川穂高、岡本和真の二人が、どこまでこの回数を伸ばすのか、これまでＯ型４人（王貞治、青田昇、落合博満、中村剛也）、B型二人（野村克也、中西太）しかいないホームラン王5回ラインに届くのか、といった楽しみもある。これまでA型には、三冠王もトリプルスリーもいない。それはいつ、どんな過程を経て達成されるのかも興味津々だ。ＡＢ型の打撃主要タイトル２冠以上も見てみたい。

O型は、これまで佐々木主浩の新人王を除き、大リーグのタイトルを獲得していない。A型とB型、特にB型に名を成さしめるのみであった。現在、O型唯一の大リーガー菊池雄星投手は、O型に大リーグ・タイトル第1号をもたらすことができるだろうか。おなじく、まだ1つも大リーグタイトルを獲得していないＡＢ型は、いつそれを取るのか。残念ながら２０２４年シーズンにはＡＢ型大リーガーは一人もいないのだが。また、ＡＢ型はこれまで一人の大リーガー野手も誕生させていない。その誕生はいつ、そして誰なのか。

A型は全試合出場年度数を見ると、他の3型に比べ、はっきり見劣りがする。A型では5選手の6回が最高だが、この6回以上を見ると、O型12、B型11人、ＡＢ型３人となる。ＡB型は、７回が最高で坂本、丸２選手がこのラインに達している。A型は最高回数でＡＢ型にも負けている。全試合出場年度数は、地味な記録かもしれないが、血液型を通してみると、こうした思わぬ発見に出くわす。

本書の各所で示してきたとおり、プロ野球と血液型の各種記録の関係、すなわち、各種記録の血液型分布率の日本人平均からのずれは、統計学的に明確な有意差を示している。少なくともこれまでのところ、血液型が、プロ野球を動かすファクターの一つであることは、確実に証明されている。それを否定しようとすれば、統計学そのもの、科学の方法そのものを否定し去るしかない。筆者は、もちろん、そういうことには与しない。

ただし、プロ野球と血液型の関わりの細部については、多々、議論の余地、今後の検討の余地が残されている。読者からのご叱責をいただきながら、筆者は今後も考え続けて行きたいと思う。

これまでのところ、日本のプロ野球では、投手部門、打撃部門、守備部門、監督部門、大リーグなど、様々な部門で、各型の残して来た成績には、それなりの差がある。しかし、その差が、今後も変わらずに固定されたままであろうとは、筆者は考えていない。たとえば、第6章第3節でもお話しした通り、各種タイトル獲得状況は、ここ二十数年、それまでとは相当様変わりしている。今後、私たちは、これまで見たことのないプロ野球と血液型の絡みを見る可能性が大いにある。筆者はそれを見てみたいし、また、そうした新しい状況について、考察してもみたい。何より、各血液型の選手たちの、自らを鍛え上げる生き様や、人間模様に心惹かれる。

本書では、プロ野球を主題としたため、ほとんど言及することはなかったが、サッカー、大相撲、スキー・ジャンプ、フィギュアスケートなど、他のスポーツと血液型にも、興味深い、プロ野球の場合とはまた異なる関わりが、多々見えている。それについては、今後の課題として残しておく。

おわりに

筆者はいつから野球を観るようになったのだろう。そう思ってあれこれ振り返ってみた。どうも1965年の第47回夏の甲子園大会がきっかけのようだ。この大会には、地元と言っていい福岡県大牟田市の三池工業（ちなみに父の母校）が初出場した。同高は幾多の熱戦を切り抜け、遂に、木樽正明投手（A型）を擁し、大会前から優勝候補の呼び声高かった銚子商業との決勝に進んだ。結果は優勝。お盆の季節で、父方の祖母の家に集まった親戚たちの、声を飛ばしての応援が、今も記憶に残る。筆者はどうも、この体験に感化されたようだ。

その後、それなりに山も谷もあったが、野球、特にプロ野球への関心が途絶えることはなかった。そうこうするうち、筆者は、能見正比古による血液型人間学を知る。プロ野球を血液型の視点から、観察・考察するようになった。

プロ野球の様々な記録を独自の感性で拾い上げ、読み解く、宇佐美徹也の仕事もやがて知ることとなった。筆者はこの宇佐美の仕事に学びつつ、プロ野球の様々な記録を血液型のふるいにかける作業を始めるようになった。

その方面の最初の仕事は、『A型とB型─二つの世界』（鳥影社、2011年）第3章「プロ野球のA型とB型」である。同書は、映画、プロ野球、宗教という3つの分野を通してのA型とB型の比較検討を行ったもので、プロ野球論はその一部だったのである。

同書のプロ野球論はA型とB型の対比を中心としたので、O型、AB型をも含んだトータルなプロ野球論にはならなかった。そこで、いつかは、4つのABO式血液型全てとプロ野球の絡みを語る本を書くことが、筆者の課題となっていた。本書は、その課題への一つの回答である。

ところで、『A型とB型』を含め、筆者の以前の血液型人間学関係の著書では、能見正比古による各血液型の性格・行動性についての発言を引用することが少なくなかったが、本書では、意識してそれはしなかった。

筆者は、今でも能見の構築した血液型人間学を高く評価している。能見の業績は、正当に継承されて行くべきだとも考えている。しかし、だからと言って、能見に学んだ者たちが、常に能見の言葉で語っていては、血液型人間学は、どうしても劣化を避けられまい。能見を継承するつもりなのなら、血液型と性格・行動性の関係について、常に自分の目で対象を見、自分の言葉でそれについて語り続ける心構えが必要になる。科学においては、このことは当然の前提なのだが、筆者はこの点で、従来、不十分であった。

本書の試みがどこまで成功したか、心もとないが、「プロ野球と血液型」について、筆者に今、語れることはここまでである。読者のご叱責を待ちたい。

（付記）

本書では2023年までのプロ野球を論じた。

本書で近いうちの達成可能性に言及した記録のうち、すでに次のものが達成されている。

1．大谷翔平選手の大リーグホームラン日本人最多記録の達成。従来の、松井秀喜の175本を超え、7月30日現在、203本まで伸びている。

2．大谷選手の日本人3人目の60勝1000安打。

3．大谷選手の日本人3人目の大リーグ100盗塁。7月30日現在、113に達し、松井稼頭央を抜き、日本人メジャー2位。

4．ダルビッシュ有投手の3人目の日米通算200勝。

5．坂本勇人選手は小久保の3709塁打を超え、AB型選手中の塁打トップに。

鳥影社には、また厄介な本の出版をご快諾いただき感謝している。百瀬社長、編集の長田松子さん、原稿を細かく点検し、いくつも的確な指摘、ご提案をいただいた萩原なつみさん、お世話になりました。

二〇二四年七月三〇日

付録

（1）規定投球回到達者（日米合算。選手名の前の数字は到達回数。到達回数ごとに、あいうえお順に配列）

（O型）

18　鈴木啓示
17　東尾修、山田久志
16　村田兆治
15　工藤公康、松岡弘
14　北別府学、平松政次
13　星野伸之、堀内恒夫
11　石井茂雄、川口和久、小宮山悟、佐藤義則
10　佐々岡真司、西口文也、山内新一

9　江川卓、高橋一三、高橋重行、天保義夫、野村収、星野仙一、松坂大輔、和田毅
8　遠藤一彦、大野雄大、金子千尋、川上憲伸、杉下茂、山内和宏、山内孝徳、渡辺秀武
7　石井一久、稲葉光雄、上田次朗、梶間健一、小松辰雄、佐伯和司、佐藤道郎、野田浩司、松沼博久、山崎慎太郎、若生智男
6　浅野啓司、井川慶、金村暁、川崎憲次郎、斉藤隆、武田一浩、館山昌平、村田辰美
5　岩田稔、黒木知宏、河野博文、小林宏之、津野浩志、仲田幸司、西岡三四郎、藤本修二、帆足和幸、松沼雅之、美馬学、村上雅則
4　朝倉健太、大石弥太郎、小野晋吾、門倉健、川尻哲郎、河村久文、菊池雄星、久保康生、中村稔、中山俊丈、板東英二、前田幸長、水谷孝
3　新垣渚、安藤優也、池田親興、石井丈裕、伊藤大海、大家友和、奥江英幸、小島和哉、金沢次男、工藤一彦、定岡正二、下柳剛、攝津正、戸田善紀、堂上照、中田賢一、西井哲夫、福原忍、都裕次郎、森下暢仁、八木沢壮六、吉川光夫、渡辺智男
2　岡林洋一、加藤康介、金田政彦、唐川侑己、高崎健太郎、津田恒美、十亀剣、内藤尚行、西川佳明、平野佳寿、藤村富美男、宮本賢治、山口俊、龍憲一
1　赤堀元之、足利豊、石川柊太、石田健大、石本貴昭、伊藤隆偉、伊藤智仁、戎信行、岡部憲章、小川博、川島亮、木戸美摸、工藤幹夫、倉田誠、古賀正明、小松聖、近藤芳久、坂巻明、平良

海馬、高橋礼、東明大貴、豊田清、中西清起、平井正史、二木康太、古溝克之、水原茂、武藤潤一郎、村上之宏、本原正治、本柳和也、八木智哉、八木亮祐、山口哲治、山部太、吉武真太郎、吉見祐治

（A型）
16　小山正明
13　石川雅規、ダルビッシュ有
12　田中将大、涌井秀章
11　成田文男、皆川睦雄
10　秋山登、江夏豊、加藤初、佐々木宏一郎、杉内俊哉、村山実、柳田豊
9　安仁屋宗八、内海哲也、江本孟紀、岸孝之、小林繁、清水直行、鈴木孝政、長谷川良平、前田健太、渡辺久信
8　菅野智之、則本昂大、水谷則博、渡辺俊介
7　池谷公二郎、今井雄太郎、伊良部秀輝、木樽正明、斉藤明夫（雄）、柴田保光、城之内邦雄、土橋正幸、安田猛、藪恵壹
6　今中慎二、岩本勉、小川泰弘、加藤伸一、神部年男、杉浦忠、千賀滉大、野村弘樹、森中千

香良、湯舟敏郎

5　池田英俊、大石清、小野和義、河村保彦、鈴木康二朗、西沢道夫、西村龍次、野口茂樹、長谷川滋利、村田勝喜、山根和夫、吉田豊彦

4　阿波野秀幸、石岡康三、石川歩、伊東昭光、今永昇太、上沢直之、欠端光則、川村丈夫、久保征弘、高野光、高村祐、中山裕章、深沢恵雄、藤田学、柳裕也

3　会田照夫、石井貴、井納翔一、井原慎一朗、植村義信、大島信雄、小笠原慎之介、岡本晃、金城基泰、紀藤真琴、久里亜蓮、小池秀郎、近藤貞雄、権藤博、澤村拓一、高橋建、中込伸、長冨浩志、新美敏、藤井秀悟、藤浪晋太郎、牧田和久、宮城大弥、森口益光、山岡泰輔、山口高志、吉見一起

2　荒木大輔、池内豊、入来智、大隣憲司、岡本透、小野和幸、加藤博人、金石昭人、川端順、木田優夫、近藤一樹、酒井勉、酒井光次郎、塩見貴洋、芝草宇宙、大門和彦、高柳出己、竹内昌也、田嶋大樹、橘健治、田中富生、谷宏明、田之上慶三郎、寺原隼人、永井怜、中原宏、永本裕章、野上亮磨、前川勝彦、山内泰幸、山村宏樹

1　赤川克紀、秋山拓巳、石川賢、今井達也、岩貞祐太、有働克也、小倉恒、辛島航、川上哲治、河原昭一、小谷正勝、後藤光貴、小林誠二、小山昌男、酒井弘樹、潮崎哲也、正田樹、白井康勝、高木晃次、高木勇人、床田寛樹、永射保、中西勝巳、中本茂樹、中山慎也、長谷川昌幸、東浜

巨、福井優也、福間納、星野順治、前田浩継、三嶋一輝、皆川康夫、宮本四郎、宮本幸信、村上頌樹、盛田幸妃、森山良二、山井大介、山崎健、山根俊英、由規

（B型）

17 金田正一、黒田博樹

16 梶本隆夫

15 三浦大輔

12 野茂英雄

11 稲尾和久、槙原寛己

10 尾花高夫、中尾碩志

9 足立光宏、西勇輝、西崎幸広、野口二郎、三沢淳

8 新浦壽夫、仁科時成

7 大竹寛、谷村智啓、古沢憲司

6 上原浩治、大野豊、木佐貫洋、関根潤三、林義一、水谷寿伸、山本和行、吉井理人

5 高橋尚成、武田勝、藤田元司、間柴茂有

4 青柳晃洋、伊藤宏光（文隆）、斉藤和巳、白木義一郎、高橋光成、高橋善正

3　猪俣隆、大谷翔平、川越英隆、久保康友、新谷博、関根裕之、関本四十四、板東里視

2　朝井秀樹、東克樹、伊藤敦規、井上祐二、佐々木修、関根浩史、田口麗斗、武田翔太、永井智浩、村中恭兵、山本省吾

1　一場靖弘、今関勝一、牛島和彦、梅沢義勝、香田勲男、佐藤秀樹、沢崎俊和、田辺学、多和田真三郎、土肥義弘、畠山準、堀本律雄、マック鈴木、薮田安彦、山崎伊織、山崎一玄、山田大樹、横山忠夫、渡辺秀一

（ＡＢ型）

18　米田哲也

15　山本昌

13　別所毅彦

12　桑田真澄、高橋直樹

10　岩隈久志、斉藤雅樹、西本聖

9　外木場義郎

8　山沖之彦

7　井本隆、金田留広、能見篤史、松本幸行

6　太田幸司、園川一美、成瀬善久、若田部健一
5　大瀬良大地、木田勇、杉本正、山本由伸
4　有原航平、野村祐輔
3　加藤貴之、高橋里志、東野峻、戸郷翔征、宮本和知、森繁和
2　佐藤誠一、田畑一也、松浦宏明
1　伊藤将司、高橋宏斗、田中幸雄、藤沢公也、松田清、松本航、三井浩二、宮田征典、山内壮馬

規定投球回未到達の投手のうち、2023年度終了時点での通算セーブ、あるいは通算ホールド100位以内の選手（具体的には43セーブ、あるいは63ホールド以上）。

（O型）

一岡竜司、岩嵜翔、梅津智弘、大久保勝信、岡島秀樹、岡本克道、長田秀一郎、鍵谷陽平、嘉弥真新也、河本育之、桑原謙太朗、小山伸一郎、近藤大亮、佐々木主浩、島内颯太郎、角三男（光雄）、大勢、高梨雄平、田澤純一、建山義紀、永川勝浩、福敬登、藤川球児、藤田宗一、松永昂大、宮西尚生、山崎泰晃（計27）

（A型）

秋吉亮、浅尾拓也、五十嵐亮太、石井弘寿、石山泰稚、伊勢大夢、内竜也、梅野雄吾、大谷智久、岡本真也（慎也）、押本健彦、越智大祐、香月良太、岸田護、菊地原毅、栗林良吏、酒居知史、清水昇、高津臣吾、高橋聡文、武隈祥太、谷元圭介、玉井大翔、田村勤、中川皓太、西野勇士、西村健太朗、比嘉幹貴、平井克典、堀瑞輝、増井浩俊、又吉克樹、松井裕樹、馬原孝浩、三瀬幸司、森慎二、森唯斗、森福允彦、山口鉄也、横山道哉（計40）

（B型）

青山浩二、石井裕也、石毛博史、伊藤義弘、今村猛、岩崎優、小野寺力、加賀繁、加藤大輔、木塚敦志、久保裕也、小林雅英、佐藤達也、砂田毅樹、祖父江大輔、高橋朋己、武田久、田島慎二、田中健二朗、中崎翔太、福盛和男（一夫）、福山博之、星野智樹、益田直也、横山竜士（計25）

（AB型）

岩瀬仁紀、大塚晶文、鹿取義隆、久保田智之、成本年秀、増田達至、松岡健一、三上朋也、与田剛（剛士）（計9）

（2）規定打席到達者（日米合算。選手名の前の数字は到達回数。到達回数ごとに、あいうえお順に配列）

（O型）

21　王貞治

20　衣笠祥雄、張本勲

18　土井正博

17　落合博満

16　秋山幸二、松井秀喜

15　榎本喜八、大杉勝男、金本知憲、木俣達彦、高木守道、藤村富美男

14　井口資仁、中村紀洋、藤田平、松井稼頭央

13　青田昇、浅村栄斗、伊東勤、稲葉篤紀、田中幸雄（AB型投手と同姓同名）、宮本慎也、吉田義男

12　大島康徳、栗山巧、駒田徳広、高橋慶彦、豊田泰光、基満男、和田一浩

11　大下弘、大村直之、中利夫、弘田澄男、藤井勇、本堂保弥（保次）、真弓明信、和田豊

10　古葉竹識、杉浦享、鈴木大地、谷佳知、中島治康、中田翔、仁志敏久、羽田耕一

9　河野旭輝、杉山悟、中村晃、中村剛也、水谷実雄、蓑田浩二、山下大輔、山田哲人、与那嶺要

8　岩村明憲、江尻亮、大島公一、川崎宗則、坂口智隆、高橋由伸、田代富雄、田中賢介、長野

久義、中村武志、平野光泰、福良淳一

7　池辺巌（豪則）、今宮健太、大熊忠義、大矢明彦、久慈照嘉、小池兼司、鈴木尚典、本多雄一、水原茂、三村敏之、屋鋪要、矢野燿大、山本和範、吉永幸一郎

6　源田壮亮、小坂誠、小谷野栄一、近藤健介、田中浩康、田村藤夫、外崎修汰、二岡智宏、船田和英、前田益穂、水上善雄、森祇晶（昌彦）

5　安達了一、石川雄洋、井出竜也、大山悠輔、片岡易之（治大）、鎌田実、川端慎吾、京田陽太、栗原健太、河埜和正、大豊泰昭、畠山和洋、平井光親、松本匡史、村上宗隆、横田真之、若菜嘉晴

4　穴吹義雄、糸原健斗、大野久、加藤俊夫、小深田大翔、関川浩一、高橋周平、達川光男、東田正義、広瀬哲朗、藤田一也、別当薫、丸山完二、水谷新太郎、茂木栄五郎

3　飯原誉士、石井晶、石井浩郎、上本博紀、大田泰示、定岡智秋、田辺徳雄、中村勝広、西川龍馬、藤本博史、牧秀悟、村上嵩幸、八木裕、吉村禎章

2　上林誠知、岡田幸文、岡林勇希、荻野貴司、甲斐拓也、金森栄治、小林誠司、佐野嘉幸、塩見泰隆、清水義之、庄司智久、炭谷銀仁朗、関本賢太郎、高橋博士、種茂雅之、広野功、福地寿樹、藤岡裕大、藤本敦士、元木大介

1　赤松真人、安部友裕、石川昂弥、今津光男、岩井隆之、上田佳範、大橋穣、小川史、音重鎮、

亀山努、北村照文、木浪聖也、清宮幸太郎、塩谷和彦、鈴木康友、高山俊、堂上直倫、中沢伸二、西野真弘、野村佑希、福嶋久晃、福田永将、益田大介、松原聖弥、宮里太、柳田浩一（昌夫）、柳田真宏

（A型）

17 立浪和義
16 有藤道世、川上哲治
14 青木宣親、江藤慎一、加藤秀司、小鶴誠、柴田勲、松原誠、山内一弘
13 荒木雅博、谷繁元信、広瀬叔功
12 阿部慎之助、大島洋平、小笠原道大、近藤和彦、原辰徳、毒島章一、堀幸一
11 糸井嘉男、宇野勝、大石大二郎、菊池涼介、佐々木誠、城島健司、正田耕三、高木豊、中島裕之
10 江藤智、岡田彰布、近藤昭仁、西沢道夫、平野謙
9 秋山翔吾、石嶺和彦、小川亨、柏原純一、金城龍彦、河埜敬幸、篠塚利夫（和典）、新庄剛志、鈴木貴久、田淵幸一、辻発彦、中畑清、西川遥輝、西村徳文、東出輝裕、山﨑武司、山崎隆造
8 緒方孝市、苅田久徳、栗橋茂、阪本敏三、田尾安志、高田繁、土井正三、藤井弘、藤原満、

山本一義
7　赤星憲広、今岡誠、角中勝也、銀次、坂本文次郎、佐藤孝夫、柴原洋、清水隆行、白井一幸、杉山光平、鈴木誠也、竹之内雅史、筒香嘉智、西岡剛、藤井康雄、水口栄二
6　磯部公一、岡本和真、黒江透修、武上四郎、富田勝、長崎啓二（慶一）、中村奨吾、濃人渉、浜名千広、廣岡達朗、福富邦夫、村松有人、森友哉、山倉和博、弓岡敬二郎
5　相川亮二、一枝修平、梶谷隆幸、後藤光尊、小早川毅彦、佐々木恭介、角富士夫、田中広輔、土橋勝征、長嶋清幸
4　井上弘昭、岡崎郁、小関竜也、片平晋作、上川誠二、木村拓也、佐野恵太、種田仁、中島卓也、永淵洋三、中村悠平、波留敏夫、真中満、安井智規、山川穂高、雄平、湯上谷宏（竑志）
3　赤田将吾、井上晴哉、岩下光一、梅野隆太郎、仰木彬、大友進、大引啓次、大宮龍男、北川博敏、城戸則文、坂倉将吾、里崎智也、塩崎真、嶋重宣、千藤三樹男、高橋智、辰己涼介、中野拓夢、梨田昌孝、福田周平、牧野茂、八重樫幸雄、大和、吉川尚輝、渡辺進
2　荒波翔、安藤順三、石原慶幸、大田卓司、緒方耕一、小田義人、木元邦之、栗原陵矢、佐藤健一、嶋基宏、高橋信二、銚子利夫、堂林翔太、内藤博文、長岡秀樹、根元俊一、野口寿浩、平塚克洋、袴田英利、三原脩、安田尚憲、山下慶徳、山本功児、吉岡悟、和田博実
1　阿南準郎、有田修三、飯田幸夫、伊志嶺翔大、伊勢孝夫、井上一樹、貝塚政秀、神里和毅、

川島慶三、清田育宏、熊野輝光、栗山英樹、小池正晃、小林晋哉、近藤貞雄、鈴木慶裕、須藤豊、住友平、関根大気、高部瑛斗、田中和基、田村龍弘、笘篠賢治、中谷将大、西浦克拓、秦真司、早川大輔、日高剛、吹石徳一、二村忠美、松岡功祐、万波中正、水沼四郎、宮地克彦、宮出隆自、山口航輝、山村義則、吉田孝司、脇谷亮太

（B型）

20 イチロー、野村克也

19 門田博光

18 山本浩二

17 坪内道典、長嶋茂雄、福本豊

15 山崎裕之

14 石井琢朗、石毛宏典、清原和博、谷沢健一、若松勉

13 新井貴浩、鳥谷敬、福留孝介、古田敦也

11 片岡篤史、金子誠、広澤克実、松中信彦

10 井端弘和、内川聖一、掛布雅之、野村謙二郎、松田宣浩

9 今江敏晃、島田誠、田宮謙次郎、長池徳士（徳二）、中塚政幸、福浦和也

8　岡本伊三美、鈴木健、平野恵一、藤井栄治、古屋英夫
7　川相昌弘、佐野仙好、田口壮、中西太、野口二郎、檜山進次郎、松木謙治郎、宮崎敏郎、森本潔
6　愛甲猛、石渡茂、小川博文、鬼頭数雄、国松彰、佐伯貴弘、桜井輝秀、島内宏明、関根潤三、高沢秀昭、T—岡田、徳武定祐（定行）、森徹、森下整鎮（正夫）、吉田正尚
5　桑原将志、サブロー、近本光司、中田昌宏、矢頭高雄
4　鬼頭政一、進藤達哉、梵英心、高須洋介、立花義家、多村仁（仁志）、坪井智哉、聖澤諒、平田良介、南村侑広、本屋敷錦吾、森永勝也、森本稀哲
3　阿部寿樹、大松尚逸、岡島豪郎、川又米利、久保寺雄二、紅林弘太郎、小森光生、佐藤輝明、島野育夫、高橋雅裕（眞裕）、武藤孝司、宗佑磨、吉村裕基
2　阿部真宏、荒川博、金子侑司、岸川勝也、倉本寿彦、高木大成、得津高宏、中川圭太、畠山準、浜中治、細川亨、松山竜平、諸積兼司、山崎賢一、渡邉諒
1　會澤翼、明石健志、浅間大基、淡口憲治、安藤統男、伊藤光、大城卓三、大道典良、長内孝、垣内哲也、笠間雄二、川端崇義、木戸克彦、木下拓哉、草野大輔、下園辰哉、杉本裕太郎、高木浩之、津末英明、土井淳、中島輝士、奈良原浩、西浦直亨、野間峻祥、廣瀬純、吉田博之、渡辺浩司

（ＡＢ型）

15　坂本勇人

14　前田智徳

12　新井宏昌、小久保裕紀、島谷金二、松永浩美

11　初芝清、丸佳浩

10　池山隆寛、村田修一

9　大下剛史、関口清治、森野将彦、柳田悠岐

6　飯田哲也、高代延博、鶴岡一人、長谷川勇也、町田行彦、吉岡雄二

5　醍醐猛夫、鉄平

4　金村義明、末次民夫（利光）、高木嘉一（由一）、彦野利勝、平田勝男、渡辺直人

3　荒井幸雄、伊藤勲、亀井善行、Ｇ・Ｇ・佐藤、松本剛

2　加藤博一、小園海斗、佐々木信也、中嶋聡、西山秀二

1　梅田邦三、大内（田中）実、葛城育郎、榊原良行、田上秀則、辻恭彦、頓宮裕真、中尾孝義、永尾泰憲、仁村徹、馬場敏史、藤田浩雅、細川成也、南淵時高、本西厚博

（3）監督リスト

（2023年まで）

（O型）

青田昇、秋山幸二、穴吹義雄、井口資仁、石井一久、伊東勤、上田利治、江尻亮、王貞治、大下弘、大島康徳、大矢明彦、落合博満、金本知憲、工藤公康、古葉竹識、佐々岡真司、杉下茂、鈴木啓示、高木守道、高橋由伸、田代富雄、達川光男、田辺徳雄、千葉茂、中登志雄、中島治康、中村勝広、西本幸雄、東尾修、福良淳一、藤井勇、藤田平、藤村富美男、藤本定義、藤本修二、別当薫、星野仙一、堀内恒夫、本堂保弥、松井稼頭央、真弓明信、水原茂、三村敏之、森祇晶、八木沢荘六、矢野燿大、山下大輔、山田久志、吉田義男、与那嶺要、和田豊

（A型）

秋山登、阿南準郎、有藤道世、石本秀一、井原春樹、植村義信、江藤慎一、大石大二郎、仰木彬、岡田彰布、緒方孝市、小川淳司、苅田久徳、川上哲治、栗山英樹、近藤昭仁、近藤貞雄、権藤博、佐々木恭介、佐藤孝夫、新庄剛志、杉浦忠、須藤豊、田尾安志、高田繁、高津臣吾、武上四郎、立浪和義、谷繁元信、田淵幸一、辻発彦、土井正三、土橋正幸、中畑清、梨田昌孝、西沢道夫、西村徳文、

濃人渉、長谷川良平、原辰徳、平石洋介、広岡達朗、広瀬叔功、真中満、三木肇、三原脩、村山実、山内一弘、山本一義、山本功児、渡辺久信

（B型）

新井貴浩、荒川博、安藤統男、石毛宏典、稲尾和久、岩本堯、牛島和彦、宇野光雄、大久保博元、岡本伊三美、尾花高夫、梶本隆夫、金田正一、鬼頭政一、小西得郎、関根潤三、田宮謙次郎、坪内道典、土井淳、長嶋茂雄、中西太、野村克也、野村謙二郎、林義一、藤田元司、古田敦也、松木謙治郎、三浦大輔、森永勝也、森脇浩司、山本浩二、吉井理人、若松勉

（AB型）

天知俊一、大沢啓二、関口清治、鶴岡一人、中嶋聡、根本陸夫、別所毅彦、森繁和、与田剛（剛士）

（2024年新監督）

阿部慎之助A、今江敏晃B、小久保裕紀AB

（4）主な血液型不明選手

（投手）

荒巻淳、池永正明、石川緑、大友工、小川健太郎、尾崎行雄、小野正一、柿本実、梶岡忠義、亀田忠、川崎徳次、権藤正利、坂井勝二、真田重蔵、沢村栄治、島田源太郎、鈴木隆、清俊彦、宅和本司、武智文雄、田中勉、西村貞朗、林安夫、福士敬章、藤村隆男、藤本英雄、御園生崇男、村田元一、森安敏明、山下律夫、柚木進、若林忠志、若生忠男

（野手）

飯島滋弥、飯田徳治、井上登、岩本義行、大沢伸夫（清）、興津立雄、景浦将、葛城隆雄、金山次郎、金田正泰、河西俊雄、木塚忠助、国貞泰汎、黒沢俊夫、桑田武、小玉明利、後藤次男、白石勝巳、高井保弘、高倉照幸、玉造陽二、辻佳紀、土井垣武、遠井吾郎、野口明、服部受弘、原田督三、平山菊二、藤尾茂、藤本勝巳、宮本敏雄、吉原正喜

参考文献

（書籍）

青田昇『サムライ達のプロ野球』ぱる出版、１９９４年
宇佐美徹也『プロ野球記録大鑑』講談社、１９９３年
宇佐美徹也『最新版　プロ野球データブック』講談社、１９９５年
王貞治『野球にときめいて』中央公論新社、２０１１年
落合博満『野球人』ベースボール・マガジン社、１９９８年
『週刊ベースボール　プロ野球全選手写真名鑑号』１９９３―２０２４年分、ベースボール・マガジン社
杉下茂『フォークボール一代』ベースボール・マガジン社、１９８８年
鶴岡一人『御堂筋の凱歌』ベースボール・マガジン社、１９８３年
日本野球機構他編『日本プロ野球記録大百科２００４　第４版』日本野球機構、２００４年
能見正比古『血液型スポーツ学　陸上競技篇』講談社、１９７６年
能見正比古『血液型政治学』サンケイ出版、１９７８年

野村克也『エースの品格』小学館、２００８年
野茂英雄『僕のトルネード戦記』集英社、１９９５年
広岡達朗『意識革命のすすめ』講談社、１９８３年
ベースボール・マガジン社編『日本プロ野球80年史　１９３４―２０１４　歴史編』ベースボール・マガジン社、２０１４年
前川輝光『A型とB型―二つの世界』鳥影社、２０１１年
森岡浩編著『プロ野球人名事典　２００３』日外アソシエーツ、２００３年
『夢をつかむイチロー262のメッセージ』ぴあ、２００５年
吉田洋一・吉田正夫共編『数表』培風館、１９７０年
（プロ野球選手、監督たちの手記については、直接引用したもの以外、省略）
（インターネット）
Wikipedia の野球関連の各サイト
ＮＰＢ（日本野球機構）などの各種プロ野球記録サイト
（テレビ番組）
ＮＨＫ「プロ野球　マジックの継承者たちⅡ」（２０２３年８月13日放送）
ＮＨＫ ＢＳ「レジェンドの目撃者」各篇

参考文献

NHK BS「球辞苑」各篇
NHK BS「スポーツ×ヒューマン　世界一へ導いた〝マジック〟」（2023年4月3日放送）
テレビ朝日「報道ステーション」（2004年6月1日放送）
テレビ朝日「ファン1万人がガチで投票！　プロ野球総選挙」2018年1月8日放送）
（YouTube）
元プロ野球選手たちの各チャンネル

〈著者紹介〉
前川輝光（まえかわ　てるみつ）
1954年熊本県生まれ。
大阪外国語大学ヒンディー語学科、東京外国語大学大学院地域研究研究科、東京大学大学院人文科学研究科（宗教学・宗教史学）に学ぶ。
血液型人間学関係の著書に、
『血液型人間学—運命との対話』（松籟社、1998年）
『A型とB型—二つの世界』（鳥影社、2011年）
『前川教授の人生、血液型。』（春風社、2014年）
『血液型と宗教』（鳥影社、2020年）がある。

プロ野球と血液型

2024年9月12日初版第1刷発行
著　者　前川輝光
発行者　百瀬 精一
発行所　鳥影社 (choeisha.com)
〒160-0023 東京都新宿区西新宿3-5-12トーカン新宿7F
電話 03-5948-6470, FAX 0120-586-771
〒392-0012 長野県諏訪市四賀229-1（本社・編集室）
電話 0266-53-2903, FAX 0266-58-6771
印刷・製本　モリモト印刷

ISBN978-4-86782-111-4　C0075